転職の「やってはいけない」

自分を活かす会社の見つけ方、入り方

郡山史郎

青春新書
INTELLIGENCE

はじめに／人材紹介のプロが教える転職の成功法則

本書を手に取られた方は、現在転職活動中の人、これから転職活動をスタートさせようとしている人が多いのではないか。あるいは「いい会社が見つかれば転職したい」「転職すべきかどうか迷っている」という人もいるだろう。

今は転職について、さまざまな情報があふれかえっている。テレビやインターネットの広告を見ていると、なんだか自分も今より給料が上がって、いい会社に転職できそうな気にさせられる。

しかし長年人材紹介業に携わってきた私にいわせると、転職はそんなに甘いものではない。むしろ、新卒の就職以上に難しいのだ。

新卒採用はキャリアがまっさらな状態で、皆同じスタート地点に立っている。しかし転職はそれぞれのキャリアがある程度形成されてしまっているため、個人差が非常に大きい。だから、「Aさんはこのやり方でうまくいったけれども、Bさんも同じ方法でうまくいくとは限らない」といったことが多々起こる。他人の成功事例があまり参考にならない、ある意味孤独な闘いなのだ。

しかし、実はそこには「経験則」のようなものもある。成功した転職、失敗した転職を見ていくと、いくつかの共通点が浮かび上がってくるのだ。

私は人材紹介会社を経営し、これまでに３０００人以上の転職活動をサポートしてきた。また、本書のなかで詳しく触れるが、私自身もこれまでに3回の転職を経験している。こうしたリアルな転職事例から見えてきた「転職で成功するためにやってはいけないこと」をまとめたのが本書である。

転職サイトを運営するｄｏｄａの調査によると、２０１９年上半期に転職した人の平均年齢は31・7歳となっている。本書は20～30代の方たちの「転ばぬ先の杖」として、きっと役立ってくれることだろう。

もちろん40代、そして定年前後の方にもぜひお読みいただければと思っている。いくつになっても転職が必要な人はいる。そして、転職のやり方自体も、年代によって大きく変わってくるからだ。

例えば、20～30代の転職では「伸びしろ」があるかどうかを見ている。一方で30代後半からの転職では「即戦力」が求められる。企業がどんな人材を求めているかを理解しておかないと、せっかくの転職活動がムダになってしまうこともある。本書ではこのような企業側の本音や、知られざる転職市場の裏側についても解説していく。

また、転職について考えることは、同時に自分の働き方、キャリアについて考えることでもある。

転職活動とは、ある意味、「自分の仕事人生の棚卸し」ともいえる。これまで自分がどのように働いてきたか。そしてこの先、どんなキャリアを築いていきたいのか――こうしたことを整理しておくと、これから先もより充実した人生が送れるように思う。

転職を考える理由は、お金や人間関係など、必ずしもポジティブなものではないかもしれない。しかし、転職を仕事、そして人生を見つめ直すきっかけにできれば、そこから道は大きく開けていくだろう。

本書がその手助けとなることを願っている。

『転職の「やってはいけない」』…目次

第2章

知っておきたい転職市場の裏側

求人サイト、人材紹介会社を味方につける

第3章 自分を活かす仕事選び、会社選び

第4章

転職の「やってはいけない」

転職を成功に導く実践ヒント

第5章 人生をおもしろくする働き方の極意

》後悔しないキャリアをつくる

編集協力…チームＴＯＧＥＮＵＫＩ
本文デザイン…青木佐和子

第1章

転職は「売り手市場」という大誤解

企業の「人手不足」の真実

転職希望者は「引く手あまた」!?

今、転職市場は「売り手市場」、つまり職を求める人に有利な状況といわれている。テレビやインターネット上には求人サイトや転職エージェントの宣伝がたびたびあらわれ、電車に乗れば中途採用を考えている会社の合同企業説明会・転職フェアの車内広告をしばしば目にする。転職市場、つまり、求人サイトや転職フェアを運営する企業や転職エージェントなど、転職をとりまくマーケットは活況を呈している。

実際、転職フェアに足を運んだ人のなかには、有名企業をはじめ、さまざまな企業のブースがズラリと並ぶ光景に、企業の採用熱を肌で感じた人もいるかもしれない。

こうした様子を目の当たりにして、

「今、転職すれば、もっと条件のいいところで働けるのではないか」

と考える人は多いようだ。

では実際の求人はどうかというと、厚生労働省が発表している「一般職業紹介状況」の「有効求人倍率」は2019年8月の数値で1・59倍。有効求人倍率とは、ハローワークで１人の求職者に対してどれだけ求人があったかを示す数値で、１を上回れば売り手市場、下回れば買い手市場とされている。

２０１７年４月に、バブル期のピークであった１９９０年７月の１・46倍を上回ってから現在まで、有効求人倍率は高水準をキープ。新聞やニュースでは「空前の売り手市場」「バブル期以降最高の売り手市場」などと報道されている。

企業が欲しい人材、いらない人材

しかし、人材紹介会社を経営し、実際に転職の現場に立っている私自身は、「空前の売り手市場」「企業の採用熱」といったことはまったく感じていない。

確かに一部の20代、30代にとっては売り手市場である。有効求人倍率が示すように求人自体も少なくない。私の会社にもいろいろな企業から「こういう人が欲しい」という注文がたくさん来る。

ところが、ＴＯＥＩＣの点数８００点以上が最低条件など、求められるスキルが非常に高いのだ。そのため、その企業に合いそうな人を紹介できなかったり、紹介できたとしてもなかなか採用に結びつかなかったりすることも多い。

企業側もそんな優秀な人間は転職市場に出てこないことを承知で、人材紹介会社に「一応求人だけ出しておく」のである。求人しておいて採用者が決まらないまま半年も1年も経過するというのも珍しくない。

つまり、そのポジションに人がいなくても、その会社はまわっているということだ。大学入試とは違い、募集したからといって必ずしも一定枠を採用する必要もない。若くて優秀な人ならばぜひとも採用したいが、バブルの頃のように誰でもいいから人手が欲しいわけではないのである。

そのうえ今、日本経済は成長しておらず、ほとんどの企業が守りに入っている。採用には1人当たり約50万円のコストがかかるといわれており、できるだけ採用コストを圧縮したいというのが企業の本音だ。つまり、今は「求人票はあるけれど、実際の求人はない」という不思議な現象が起きているのだ。

だから、企業の採用熱が特別高いわけではない。私にいわせれば、今は単に「転職市場」が活気を帯びているだけ。転職市場が活況なのは、1つには求人サイトや転職フェアをやると儲《もう》かる企業があるからだ。それもそういう企業が一生懸命に旗を振っていて、実態以上に盛り上げている感がある。

優秀で伸びしろのある一部の20代、30代の転職希望者にとっては、確かに「売り手市場」といえる。しかし、それ以外の普通の人は、今のこの状況を決して「売り手市場」と勘違いしてはいけないのだ。

そもそも、本当に「人手不足」なのか

売り手市場といわれる際、その理由として挙げられるのが「少子高齢化による人手不足」「２０２０年の東京オリンピック・パラリンピックによる人材需要アップ」だ。

確かにこの２つの要因が有効求人倍率を押し上げている面はあるだろうが、だからといってこれらが転職市場に影響を与えているとか、以前よりも転職しやすくなっているということはない。その理由は、少子化やオリンピック需要で人手不足になっているのは労働集約型の職種が中心で、これらは求職者から避けられる傾向にあるからだ。

例えば、オリンピック需要として真っ先に思い浮かぶ職種としては建設業、そして海外からのお客様が増える、いわゆるインバウンド需要によるホテルやレストランなどのサー

ビス業が挙げられる。

厚生労働省が発表した2019年6月の「一般職業紹介状況」によると、「飲食物調理の職業」「接客・給仕の職業」などを含む「サービスの職業」の有効求人倍率（パートを除く。以下同）は2・99倍。「建設・採掘の職業」は5・43倍、そのうち「建設躯体《くたい》工事の職業」に至っては11・59倍である。つまり、1人の求職者に対して11以上の求人があるのだ。確かにこれらの職業に就きたい人にとっては、「超売り手市場」といえる。

対して、知識集約型である「一般事務の職業」「会計事務の職業」などを含む「事務的職業」では、有効求人倍率は0・43倍。こちらは完全に「買い手市場」、つまりは採用する側に有利な状況だ。

では、東京オリンピックが決定する前の2013年8月の数字を見てみよう。「サービスの職業」の有効求人倍率は1・26倍、「建設・採掘の職業」は2・34倍。「事務的職業」は0・22倍となっている。

つまり、オリンピック開催決定前でもあとでも、もともと売り手市場の職種は売り手市場で、買い手市場の職種は買い手市場なのだ。

あわせて企業の規模別の求人状況も見てみよう。2019年6月の「一般職業紹介状況」の「規模別一般新規求人」（新卒・パートを除く）によると、ハローワークに最も多くの求人を出しているのは従業員数29人以下の企業で、求人数は35万9991件。対して、従業員数1000人以上の企業からの求人数は6251件、約60分の1だ。

有効求人倍率の高水準を支えているのは中小企業で、大企業に入りたいと思えば、そこは狭き門であることには変わりない。こうした現状を踏まえて考えると、少子高齢化による人手不足という理由についても、首を傾げざるを得ない。

では、買い手市場であるはずの大企業は人手不足で困っていないかというと、そうではない。前述の通り、私の経営する人材紹介会社には大企業からの求人も頻繁《ひんぱん》に来ている。

実は今、大企業では「雇用のミスマッチによる人材不足」が起きている。「雇用のミスマッチ」とは、求職側と求人側とのあいだでニーズが一致すると思われたため、一度は雇用に至ったものの、あとから不一致や食い違いが発覚することをいう。

建設業界や飲食業界で起きているのは、求人を出すものの応募が1人もないという「物理的な人手不足」だが、大企業はそれとは別の「人はいるのに欲しい人材が足りていない」という問題が起きているのだ。

つまり、企業に求められるような人材でない限りは、何社受けても絶対に採用されないということだ。「人手不足」のニュースを見聞きして、「今こそ転職のチャンス」などと思ってはいけない。

転職は「病気」と同じ!?

私は、転職は「病気」に似ていると考えている。

病気になりたいという人はいないだろう。だが、自分の意思に反して病気になることはある。転職も同様で、現在の会社で働き続けるのが望ましいが、さまざまな理由から転職せざるを得ない状態に陥ることがある。

現在の会社で心置きなく働いている人を健康な人だとすれば、転職しなければならない状況を実感している人は、何らかの原因によって健康な状態ではなくなった、つまり、病気になった人ということになる。

病気になったら、すみやかに専門家である医師の診断を受けて、病状回復に努めるものだ。では、転職しなければならなくなったときはどうすればいいかというと、まずは転職の専門家である人材紹介会社を訪ねる。すると担当営業やキャリアコンサルタントが、元の状態に戻れるように、さまざまなアドバイスをしてくれるのである。

転職が病気だとするなら、転職を気軽に考えるものではないとわかるだろう。仕事に取り組むうえで大きな問題がないのに、「もう少し年収が上がらないだろうか」などと考えて転職しようとするのは、私にいわせれば自ら病気になろうとしているようなものだ。

本書のなかでおいおい述べていくが、さしたる計画もないのに、収入を増やすために転職を考えるのは、リスクを高めるだけの無謀な行動だ。ビジネスパーソンが考えるべきは、転職して収入を増やす方法ではなく、今いる会社でどのような努力をして仕事の幅を広げれば、将来にわたって転職しなくてすむのか、ということであるはずだ。

もちろん、やむを得ない事情があり、万策尽きて転職せざるを得ないという状態に陥ることもある。そのようなときには、「これを最後の転職にしよう」と考え、リスクが少なく、確実な方法をとることが肝心なのだ。

「1勝2敗」だった私の転職

これから「転職しよう！」と意気込んでいる人には、出はなをくじくようで大変申し訳ない。しかし、のっけからこのような話をするのは、私自身も転職によって苦い思いを経験しているからだ。うまくいった転職もあれば、後悔している転職もある。結果は「1勝2敗」といったところだ。

最初の転職は24歳のときである。大学卒業後に入社した伊藤忠商事から、わずか1年半でソニーに転職。それほど早く会社を移りたいと思ったのは、どうしても貿易に携わりたかったのに、畑違いの仕事しかやらせてもらえなかったからだ。

もともと、銀行員や役人に向く人間ではないという自覚があり、どんなに好条件だったとしても銀行や役所には就職しないと決めていた。だからこそ、貿易に携われる商事会社を選んだのだが、入社してみると、私の仕事は朝から晩までひたすら書類をやり取りして取引の手続きをするだけだった。ただただ数字と格闘するのなら、自分が避けてきた金融の仕事と変わらないではないか。そんな仕事は私には向かない。やはり自分でモノをつくり、旗印を掲げて戦う会社に行かないと自分の満足は得られないだろう――そう確信した私は、入社から半年で退職を決断したのである。

転職先としてソニーを選んだのは、新聞掲載の求人広告を見つけたことがきっかけだ。そこには「貿易を任せる」の一文があった。ここならやりたいことができると思い、すぐさま応募した。

当時のソニーは小さな町工場だったが、貿易に携われるなら、会社の大きさや給与待遇はまったく気にならなかった。20代の転職なら、「こんな仕事をしてみたい」という熱意があればそれでいいと私は今でも考えている。

このときのことでよく覚えているのが、伊藤忠の上司や同僚が転職先のソニーのことを「あんな会社は3カ月で潰れるよ」といっていたことだ。その言葉に悪気はなく、未知の企業に転職しようとしている私への心配だったと思う。

退職間際には、当時東京本社の責任者で、次期社長となった越後正一さんにもお会いした。越後さんに会うと、「おい、辞めるのかい」「元気があっていいな」「うんと頑張ってくれよ」と声を掛けてもらった。私は「一身上の事情で……」「製造メーカーで、本当は技術者になりたかったんです」と平身低頭だったが、越後さんは笑顔で送り出してくれた。

しかし、貿易の仕事ができると思って入社したソニーでは、国内営業に配属されてしまった。これでは前と同じことの繰り返しだ。貿易がやりたいと言い続けていると、半年後にようやく念願の貿易担当部門に異動させてもらえた。

この経験から、やはり転職というものは思い通りにはいかないと実感したものだ。何も主張せずいわれるがままでいたら、貿易に携わる夢はかなわず、ずっと国内営業を続けることになったかもしれない。

30代になってからは、ソニーの海外法人でマーケティングのマネジャーを務めた。20代から30代というビジネスパーソンとしての土台を築く大事な時期にやりがいをもって働くことができ、私のビジネス人生は大きく広がったと実感している。この1度目の転職は大成功だった。

そうしたなか、2回目の転職の機会が訪れる。当時、買収に次ぐ買収で事業領域を急速に拡大していた米企業、シンガー社からスカウトを受け、転職したのである。外資系企業で自分を試してみたいというのが、転職の理由だった。38歳のときだ。

しかしその後、ソニーではさまざまな問題が出てきて、「郡山を呼び戻してはどうか」という話になった。そうして当時の盛田昭夫会長から請われ、ついに古巣に戻ることになった。

46歳にして3回目となる転職を果たしたのだが、2回目と3回目の転職、つまりソニーを出て、再びソニーに戻ってくるという経歴を歩んだのは、実は失敗だったと思っている。

というのも、私が不在だった約7年間は、ソニーは家庭用ビデオテープレコーダーの規格「ベータマックス」を開発し発売、もう1つのビデオ規格「ＶＨＳ」と熾烈《しれつ》な競争を繰り広げていた、大変苦しい時代だったからだ。そのため、ソニーで働き続けてきた生え抜き社員たちからは、事あるごとに「ベータマックスで一番大変だったときにお前はいなかった」といわれ、非常につらい思いをした。

彼らは転職せず、ずっとソニーで働いてきたという自負があり、団結力も強かった。そうした彼らと立場が異なる私は人間関係に苦労し、「あのとき辞めていなかったら……」と思い返すことが何度もあった。このような、ある種のトラウマのようなものを抱えてしまったことは、その後、ソニーで働いていくうえで、ハンディキャップとしてつきまとった。

結果論であるが、ずっとソニーにいたほうがはるかによかった。そんな後悔の念を、私はいまだに抱き続けている。

私は転職によって、時に大きく道が広がり、時に中途採用社員として働く厳しさを味わってきた。

このように、転職には夢もあれば厳しい現実もあることを、知っておいていただきたい。

「出戻り入社」だけはやってはいけない！

私自身の経験からもいえることだが「一度辞めた会社には決して出戻らない」ことだ。新卒一括採用、終身雇用が大前提の日本企業では、一度退職したら二度と同じ企業には戻れないという考え方が一般的だった。しかし、最近では人手不足を補うために、一度退職した社員を再び雇い入れる会社も増えている。こうした社員を「出戻り社員」「ブーメラン社員」と呼ぶ。

企業がブーメラン社員を再雇用する理由は、おもに3つある。

1つは即戦力になるということ。もともとその会社で働いていたので、仕事内容も社内システムやルールも把握しており、教育の必要がない。転職して他社で経験を積んでいた人ならば、新しい技術やスキルを身につけている可能性も高い。

2つ目は採用にかかるコストの圧縮だ。ブーメラン社員は採用担当者からの直接のコンタクトで再入社するケースがほとんどだ。そのため求人サイトに掲載したり、人材紹介会社に注文を出したりするコストをかけずにすむ。

3つ目は「雇用のミスマッチ」が起きにくいこと。ブーメラン社員であれば仕事内容、その会社の社風や理念の理解がある。一方、会社側もその人の性格や得意な仕事・苦手な仕事などが把握できている。入社してから「こんなはずではなかった！」ということは、双方にとって少ないだろうというわけだ。

いいことずくめのように感じるが、もちろんデメリットもある。その最たるものは、新卒で入社してから一貫してその会社で働き続けている「生え抜き社員」との軋轢《あつれき》だ。

ブーメラン社員は、会社がわざわざその人を呼び戻すくらいだから、好待遇で迎えられることも少なくない。他社で経験も積んでスキルが上がっているので、出戻って来た本人からすれば当然と思うだろう。しかし生え抜き社員からすれば、「辞めずに頑張ってきた自分たちはどうなのだ？」という気持ちになるものだ。

その逆のパターンで、生え抜き社員が出世する風土の企業では、古巣に戻ってみたら同期が上司になっていたというケースもある。どちらかのモチベーションが落ちてしまっては結果的に組織としての生産性がダウンすることになり、本末転倒である。

このように、「出戻り入社」にはメリットとデメリットの両面があることは確かだ。しかし、生え抜き社員との軋轢によりトラブルが大きくなれば、組織に悪影響が及ぶのはもちろん、転職者自身も過度のストレスにさらされ、心に傷を負うことになりかねないことを考えると、デメリットのほうが大きいように思う。

もちろん、「すべての出戻り入社がダメ」というつもりはない。家庭の事情や健康上の理由で一度職場を離れて、また請われて元の会社に戻るのならいいだろう。しかし、一度勤めた会社を辞めるということは、その会社を捨てるということだ。基本的に会社とはチームワークで動いている組織であることを認識し、それ以外の理由で「出戻り入社」をするのはやめたほうが賢明だ。

時計の針は逆に回してはいけない。「辞めた会社と失恋相手は忘れるに限る」というのが私の持論だ。

転職の二大理由は「お金」と「人間関係」

私の経営する人材紹介会社には、転職したいと希望する人が日々相談にやって来る。その転職理由はだいたいたい以下の3つに集約される。

1つは「もっと年収をアップさせたい」というお金の問題。2つ目は社内の人間関係や待遇面での不満。３つ目は今の会社、あるいはこの業界で大丈夫かという不安、つまり将来性の問題である（将来性は収入にもかかわることだから、ある意味これもお金の問題といえる）。

これらを理由に転職したいという人は、99％失敗すると私は断言する。たとえそれが本心だったとしても、それを表に出してはいけないのが転職の世界での大原則だ。

採用面接では「なぜこの会社を希望しますか？」と聞かれることが多い。そこで「給料を上げるため」という答えが返ってきたら、普通の会社ならばその人を採用することは決してない。「じゃあ、あなたはもっと高い給料を出す会社があったらそこに行くんですね？」と思われてしまう。そして評価シートにそのような印象を書き込まれてしまうだろう。やはりその会社の理念に賛同し、その会社の商品ややり方が好きだから、という人でないと、採用には結びつかないものである。

前の職場の待遇面での不満や人間関係のストレスも、決して面接で口にしてはいけない。採用する側は「それらを我慢して乗り越えられるような人材」を求めている。上司にひどい人がいたという話もよく耳にするが、世の中は変な人だらけで、どの会社にも性格が悪かったり仕事ができなかったりする上司はいるものだ。

「この上司をどうやったらうまく使えるか」「この上司の下でどうやって生き延びるか」ということを自分自身で訓練していかないと、次の会社でもまたすぐに転職しなくてはいけない羽目になるだろう。悪い上司は悪い客に対応するための実験台だと思えばよい。

「今の会社で大丈夫か?」という理由もおかしな話である。50年も経てば、日本企業のトップ20社などガラリと入れ替わるものだ。「転職した先が倒産しないか」など簡単に判断できないことであり、まして「どの会社に将来性があるか」なんて誰にもわからない。

ただし転職の際、先行きの怪しい会社に入ってしまうリスクを減らすことはできる。なんてことはない、そのとき儲かっている会社を選べばいいのだ。将来性は誰にもわからないが、その会社の利益率のよさはちょっと調べれば判断できるだろう。飛び抜けて業績がいい会社でなくてもいい。20代、30代だったら自分たちでその会社をよくすることもできる。

以上の3つの理由で転職することは賛成しないが、逆に転職を真剣に考えてもいいケースもある。今いる会社に、あるいは今従事している仕事に、自分の人生を捧げられるかどうか――そこに自信がないときには転職したほうがいいだろう。

転職動機が「自分は何か社会の役に立ちたい。でも、この会社にいては社会に貢献できない」というものならば、転職に成功する可能性は非常に高いといえる。

では、転職する際、具体的にどんなことに気をつけていけば、「成功する転職」ができるのか。まずは転職活動に欠かせない人材紹介ビジネスの仕組みについて、解説していこう。

第2章

知っておきたい転職市場の裏側

求人サイト、人材紹介会社を味方につける

企業と求職者の関係は対等

採用というと企業が求職者を選ぶ、つまり、企業側が優位だというイメージがあるかもしれない。読者のなかには、面接のとき採用担当者から高圧的な態度をとられた経験がある人もいるだろう。逆に、採用されたいと思うあまり、必要以上にへりくだった態度をとってしまった人もいるかもしれない。

しかし、本来求人側の企業と求職者は対等な関係である。

「労働」は日本人にとって義務であり権利でもあるので、両者が対等であることは法律でも保障されている。労働基準法第2条には「労働条件は、労働者と使用者が、対等の立場において決定すべきものである」「労働者及び使用者は、労働協約、就業規則及び労働契約を遵守し、誠実に各々その義務を履行しなければならない」としっかり明記されている。

だから、採用では企業ばかりが欲しい人材の条件を挙げているように思うが、求職側も自分の権利や希望を述べてよいのである。もしその希望に合わなかったら入社しなくてもいいし、希望を主張すれば企業がそれに合わせて条件を譲ってくることもあるからだ。

転職に成功した人がやっていたこと

自分の希望を企業側に伝えて、転職に成功した2人のケースを紹介しよう。

転職希望のITエンジニアAさんを、私が経営する人材紹介会社のクライアント企業B社に紹介した。Aさんは面接の際に希望年収を聞かれたので、前職での年収を踏まえながら、希望年収とその根拠となる「前職で担当のクライアントの売上げを2倍に伸ばした」という実績を話した。B社からは前職の年収より50万円アップで内々定が出たという。

ところが、Aさんはほかの人材紹介会社を通じてC社の面接も受けていた。C社からも希望する年収を聞かれ、B社で出された給与の話をすると、うちは前職より100万円アップした年収を出す、という。

C社に行くことを決め、B社に内定辞退の報告に行くと、その理由を問われた。正直に答えたところ、「だったら、うちはもっと出す」とB社からさらによい条件を提示された。C社にその話をすると、さらによい条件が出され、結局、前職の年収の200万円アップでC社に行くことが決まったのだ。

もっともAさんは、それほど多くの年収アップを望んでいたわけではなかった。C社に入社を決めたのは、その熱意にほだされたからだという。しかし結果的に、自分の希望を伝えたことで、いい方向に転んだというわけだ。B社を紹介した私たちとしては非常に残念な結果となったが、私個人としてはAさんの転職がうまくいったのはとてもよかったと思っている。

日本人は交渉下手なので、面接で希望年収を聞かれても「御社規定に従います」などと答えがちだ。しかしAさんは希望年収とその根拠を述べたことで、年収の大幅アップに成功した。転職理由を聞かれた場合は給料だと答えてはいけないが、面接で希望年収を聞かれたら、根拠とともに希望年収をいうべきだ。もちろん、それが相場の範囲内であることはいうまでもない。くどいようだが、給料は二次的な転職理由にしておくべきだと思う。

もう1人の転職成功者のDさんは50代。売り手市場の20代、30代ではなかったが、特別なスキルを持っており、私どもの会社からE社を紹介すると、すぐに内定をもらった。

Dさんは一番下の子どもがまだ幼稚園児だったので、その子が成人するまで働きたいという希望があった。それで内定後にE社の採用担当者に「65歳まで絶対働きたいので、一札入れてくれますか？」と聞いてみたそうだ。

通常、社員は入社するときに会社と雇用契約書を交わすが、その雇用契約は正社員の場合、期間の定めがない。そのためいくら会社が65歳定年だとしても、本当にそれまで働けるかどうか不安だったのだ。そこで65歳まで雇用するという保証の文書を書いてほしいとお願いしたわけである。

すると、Ｅ社は「一札入れるわけにはいかないけれど、入社契約書をつくってその契約期限をうんと延ばしましょう」と長く働けるよう配慮してくれた。そして、Ｄさんは正社員では異例の期限入りの契約書を交わしたという。

年収アップも大事だが、短期間で離職せざるを得なくなるより、長く働けることのほうが長い目で見れば大幅な収入アップになる。これを勝ち取ったのもＤさんが自分の希望をいったからこそである。

こういったケースを見ていると、今は誰にとっても「売り手市場」ではないけれども、決して企業側が圧倒的に優位な「買い手市場」でもないことがわかる。大企業でも雇用のミスマッチによる人材不足であることも既述の通りで、企業はやはりいい人材は欲しいのだ。そもそも企業は人を新しく補充していかなければ存続できない。

だから、転職は企業側にアドバンテージがあるように見えて、実は求職者の論理で成り立っている。企業は求職者に選ばれなければ、求職者を選ぶことができないからだ。企業側が「なぜ自分の会社にはこの条件で応募者が来ないのか？」と困っているというのが実際のところだろう。

今は求人がたくさんあるのだから、転職希望者はそのなかで自分の条件が合うところに入ればいい。自分も相手の条件を満たしていれば、相手はさらに条件をよくしてくれることもある。いくつか話が来ているのなら一番条件のいいところに行けばいい。

このように求人側と求職側は対等であり、双方の歩み寄りがあるので、上手に転職活動をすれば非常にいい条件で転職できる可能性は大いにある。ただし、それには企業にとって本当に役に立つ有能な人材であることが前提であるのはいうまでもない。

人材紹介ビジネスのお金の出所は「企業」

日本は転職市場が非常に発達している国である。転職先を探そうと思ったら、実にさまざまなルートがある。そのため、転職先の企業研究をすることはもちろんだが、人材紹介ビジネスの仕組みを知ることも、転職活動をするうえで非常に役立つ。それぞれの概略を説明しよう。

①求人サイト

企業からの求人情報をオンライン上で提供するサイトのこと。求人情報サイト、求人募集サイト、求人広告サイト、転職サイト、転職情報サイトとも呼ばれる。

かつて求人情報誌、求人フリーペーパーを発行していた企業が運営しているケースが多い。求人する側の企業から広告掲載料や成果報酬を得て運営されている。

転職希望者は求人情報の閲覧・検索のみの利用もできるが、名前や住んでいる都道府県、職歴などを登録するとそのまま求人に応募できたり、「スカウト機能」によってサイトには載っていない「非公開求人」の情報がメールで届いたりする。

②転職フェア

転職希望者を対象に開かれる合同企業説明会のこと。１つの会場に複数の企業が出展、企業ごとに設けられたブースに人事・採用担当者が待機し、転職希望者に直接事業内容や採用に関する説明などをおこなう。転職希望者はその会社に興味を持ったらその場で面接のアポイントを入れられるなど、採用までのプロセスがスピーディーであるのが特徴。

そのほか、転職に役立つ情報セミナーや講演会、キャリアアドバイザーの個別相談会なども開催される。

地方では地方自治体が開催するケースが多いが、東京・大阪・名古屋などの首都圏ではおもに求人サイト運営や人材紹介をしている企業が開催している。求人企業からブースを出すための「出展料」を得てフェアを運営するという仕組みだ。

③人材紹介会社

厚生労働大臣から許可を受けた「有料職業紹介所」のこと。採用したい企業と転職を検討している人のマッチングをおこない、両者の雇用契約成立を支援する。転職エージェントとも呼ばれている。

一般的な人材紹介会社は大きく「登録型」と「サーチ型」に分かれる。登録型は転職希望者にこれまでの職歴やスキル、希望条件などの情報を登録してもらい、それぞれの企業のニーズに合った人材を紹介する。サーチ型は登録者以外の、現在転職を希望していない人も含めて企業が求める人材を探すもので、詳しくは次に説明する。登録型とサーチ型の両方を手がけるエージェントと、どちらかに特化しているエージェントの両方がある。

企業側が紹介手数料を支払うことで運営されており、「登録型」は採用が決まった際のみ支払う「成功報酬型」が一般的。紹介手数料は転職希望者の想定年収の何割かが支払われる。管理職級の場合は30～40％、一般労働職の場合は10～20％が相場となっている。

転職希望者にとってのメリットは、専任のキャリアコンサルタントがつくケースが多く、自分のキャリアや適性を客観的にアドバイスしてもらうことができること、適性や希望に基づいた求人情報を提供してもらえること、求人サイトには掲載されない非公開求人も扱っていること、などだ。

④ヘッドハンティング

経営者や経営幹部、管理職など優秀な人材を外部からスカウトし、自社に引き入れること。欧米で生まれた採用手法で、日本では外資系企業を中心におこなわれてきたが、昨今では日本企業でも活用するケースが増えてきた。先に紹介した人材紹介会社の「サーチ型」に当たる。エグゼクティブサーチ、スカウトとも呼ばれている。

こちらもスカウトした人の想定年収の30～40％を受け取る成功報酬型だが、契約時に着手金を受け取って動くケース、毎月一定額を受け取るケースなどがある。

スカウトされて転職することのメリットとして、相手の企業が求めている人材なので、給料アップはもちろん、現在勤めている企業よりもいい待遇で働けることもある。

⑤各企業のホームページの採用情報や新聞広告

自社のホームページに「採用情報」「RECRUIT」といったコーナーを設け、求人情報を載せるケースもある。求人サイトや人材紹介会社に掲載料や紹介料を支払うことなく、コストをかけずに人材募集ができる。入りたい企業が決まっている転職希望者は、その会社のホームページをチェックすればよい。

また、昔ながらのアナログな求人方法としては新聞広告がある。求人サイト同様、新聞社に広告掲載料を支払う。

「若者の新聞離れ」といわれて久しいため、20代向けの求人は少なく、30代以上の求人が多い。求人サイトの条件検索やキーワード検索で引っかかってこないような情報も幅広くチェックできるのが特徴。

⑥ハローワーク

国によって運営されている職業紹介事業で、正式には「公共職業安定所」と呼ぶ。人材を探している企業に仕事を探している人を紹介するのがおもな業務。

世界の労働者の労働条件と生活水準の改善を目的とする国連の専門機関「国際労働機関」に加盟している国ならば必ず設置しなくてはならないと義務づけられている。求職者にとっての「雇用のセーフティネット」の役割を担っており、求人企業の紹介のほか自己分析、履歴書の書き方、面接対策などのサポート、職業訓練の相談や申し込みができる。

民間の人材紹介会社と同様、求職者の利用は無料なのはもちろん、求人を出す側も無料なのが大きな特徴である。

これら6つのサービスを見ると、新聞を購入する以外、求職者はすべて無料で求人情報を得ることができる。これは人材紹介ビジネスが企業側から出るお金で成り立っていることを示している。そのため、求人サイトや人材紹介会社など求人サービスを提供する側は、お金を払っているほうに忠誠心がいってしまうのは当然だ。

だから、転職エージェントのキャリアコンサルタントはみんな親身に相談に乗ってくれるだろうが、それはあなたの味方だからではない。あなたの想定年収が500万円だったら、あなたが150万円で売れる可能性があるからなのだ。

たとえ転職エージェントが「この会社はいい会社ですよ。将来性がありますよ」とすすめてきたとしても、簡単に信用してはいけない。エージェントはその会社に人材を送り込むことで報酬をもらえるので、その会社の悪口をいうわけがないからだ。ゆえに、求人サイトや人材紹介会社などのサービスを利用するときには、そこから得た情報を鵜呑《うの》みにしてはいけない。

では、求職者側がお金を払ってキャリア相談を受ければ自分の味方になってくれるかというと、それは法律上できないことになっている。労働基準法第6条、職業安定法第32条の3第2項で、人材紹介会社は求職者から手数料を受け取ることは禁止されているのだ。また、人材紹介会社などで担当してくれるキャリアコンサルタントもこの法律に則《のっと》った存在なので、キャリアに関する相談に乗ってくれたり、転職に関する教育を施したりはしてくれるが、求職や就職についてはは介入することができない。

つまり日本では、「自分の職業やキャリアについては、自分で考えなさい」というように法律で定められているのだ。

紙からWebへ、転職市場の発展

前項では「人材紹介ビジネスは求職者の味方ではない」ということを説明した。しかし、だからといってこれらのサービスを一切使わずに転職することは、今の世の中ではほぼ不可能である。転職市場の仕組みやお金の流れをよく知ったうえで、これらをうまく味方につけることが転職を成功させるコツといえるだろう。

そこでこの項では、転職希望者がおもに利用する求人サイトと人材紹介会社の成り立ちや収益の仕組みについて、簡単に説明しよう。

日本の求人情報の告知は、長らく新聞の求人欄がその役割を担ってきた。特に日曜版は求人欄が充実していたので、転職活動中の人は日曜日にも駅に新聞だけ買いに行くのがお決まりのスタイルだった。

1980年代になるとバブル経済で求人需要が高まり、地域を限定して募集できる新聞チラシによる求人広告が増加。求人情報だけを集めた有料の情報誌も続々と創刊された。

1990年代に突入するとバブル経済が崩壊。雑誌が売れない時代となり、求人情報誌はフリーペーパー化していった。さらには、インターネットの台頭により紙媒体は徐々にWebへとシフト。紙よりも製作コストがかからない求人サイトは参入障壁が低く、インターネットベンチャーなどが続々と運営に乗り出すようになった。

紙媒体の求人情報、および求人サイトの黎明《れいめい》期の収益モデルは、求人募集広告を掲載することの対価として、求人側の企業から広告掲載料をもらうというものであった。

しかしこの方法だと、結果的に転職希望者からの反響がなかった広告に対しても、企業はお金を払わなければならない。採用コストを圧縮したい企業と、なんとか広告を出稿してほしい求人サイト、双方の思惑から誕生したのが「成果報酬型」と呼ばれる求人サイトである。その名の通り「成果が上がってはじめて報酬が発生する」というもので、掲載するだけならお金がかからない。現在はこちらのモデルが主流になっている。

成果報酬型の求人サイトには2つのパターンが存在する。

１つは「採用」をもって成果とみなす「採用課金型」と呼ばれるもの。求人側の企業は求人サイトの登録者のなかから採用者が決まった際に、求人サイトに報酬を支払う。正確には支払いは内定した時点ではなく入社してからで、これは報酬を支払ったあとに内定を辞退されることを防ぐため。採用が決まるまでは求人サイトに何カ月掲載しても一切料金が発生しない。

もう１つは登録者の「応募」をもって成果とみなす「応募課金型」と呼ばれる求人サイトだ。こちらは求人サイトの登録者が企業の求人募集に応募した時点で報酬が発生する。企業は求人サイトにお金を払わないと応募者の情報を閲覧することができない仕組みだ。

最近では「検索エンジン型」と呼ばれる求人サイトも登場している。これはグーグルと同じ仕組みで、インターネット上から一般的な求人サイトや企業の採用情報ページなどの求人情報だけを収集し、そのなかから求職者の希望する条件に合った情報を表示するもの。企業が検索結果に自社の情報を上位に表示させたい場合に広告費を払うという収益モデルである。

今の転職市場は「戦国時代」

一方、人材紹介会社はこうした求人メディアにかなり遅れる形でスタートした。というのも、労働者に職業紹介をする行為は人身売買にもつながる懸念があるとして、日本では長らく職業安定法により厳しく規制されていたからだ。職業紹介業は原則として国がおこなう事業とされており、それが職業安定所、今のハローワークである。

その流れが変わったのは１９９７年、国際労働機関が有料職業紹介所に関する条約を改正し、民間職業仲介事業所条約を採択した。これを受けて１９９９年に職業安定法が改正され、民間の有料職業紹介事業が一部の職業紹介を除き、原則自由化された。

求人サイトは通常、非常に多くの人材紹介会社と契約していて、登録するとその情報が一斉にそれらの紹介会社に公開される。つまり「紹介会社のデパート」になっている。近年では求人サイトが人材紹介会社を運営しているところも多く、転職希望者がインターネット上で求人サイトに登録すると、自社の人材紹介会社にも同時に登録される仕組みとなっている。

人材紹介会社にとっては、企業が求める人材を探すために、より多くの候補者がいたほうがいい。登録者数の多さは求人したい企業への「こんなにたくさんの転職希望者のなかから御社の希望に合う人材を紹介します」というアピールにもなる。

一方、求人サイトは厚生労働省から認可を受けた「有料職業紹介所」ではないので、転職希望者に対して、特定の企業を紹介することはできない。あくまでも求人情報を掲載するだけである。そこに資格を持つ人材紹介会社が「こんな会社もあなたに合うのではないでしょうか？」と紹介すれば転職の成功率が高まる。そうなれば企業から成功報酬がもらえる。

つまり、求人サイトと人材紹介会社を同時に運営したり、連携させたりすることは双方にとって非常に都合がいいのである。

以上のように、転職市場にはさまざまなタイプの求人サイトが誕生し、人材紹介会社との連携も生まれ、まさに「戦国時代」と化している。求人サイトや人材紹介会社のＰＲ合戦も熾烈化し、転職希望者のなかには何のサービスを利用すればいいのか、あるいは、どの会社を選べばいいのか、混乱している人も多いのではないだろうか。

次項からは人材紹介ビジネスの仕組みやお金の流れをさらに詳しく述べるとともに、これらのサービスを利用する際の注意点について解説していこう。

ビジネスとしての「人材紹介」

ここで、人材紹介ビジネスが発展した経緯を振り返ってみたい。

古来より、奴隷商人や人買いといった、人を売り買いする仕組みがあった。しかし近代になり、人権の確立と同時に、こうした人身売買は禁止されるようになった。ただ、人手が欲しいときはある。特に近代産業では、その発展や維持のため、特定の人材を、特定の時期に必要とすることがあった。そこで、厳重な法律制度の監視下で、人材の売買が許されることになった。これが現在の日本の有料人材紹介業へとつながっている。

また日本では、強制労働の絶対的排除という見方から、職業選択の自由が確立され、雇用に関しては当人の決定がすべてで、第三者の介入はできないことになっている。そのため人材紹介会社は、企業に対して、また個人に対して、情報の提供はするが雇用関係の成立そのものに介入はできないし、もちろん代理行為もできない。

このように、人材紹介ビジネスにはデリケートな面があるため、さまざまな法的な取り決めがある。

しかし誤解を恐れずにいえば、人材紹介会社は、商人として人材の売り込みをおこない、採用された場合は雇用者から対価を受け取る、一種の人身売買業ともいえる。もちろんそこには当人の意思もかかわっているのだが、人を商品化しているということは否めない。

つまり、求人サイトに登録するということは、ある意味、自分を商品化して、市場に出すことなのだ。そこに紹介会社という商人が群がっていて、売れそうな商品が目についたら、スカウトメールというものを発信して、「このような案件はいかがですか」と聞いてくる。それに返信して承諾すると、希望の企業に売り込んでくれる。

一方で、登録者のほうは、一切対価を払う必要がない。求人サイトには無料で登録できるし、たとえ転職が決まってもお金を払うこともない。

なぜなら法律で、紹介会社が求職者側から報酬を得ることを禁止しているからだ。これは、人身売買の悲しい歴史のなかで、親が子を売ったり、借金漬けにして労働を強制するようなことが再発しないように、という配慮であろう。

求人サイトの登録には注意が必要

では、求人サイトの運営は、どのように成り立っているのか。

求人サイトは、紹介会社からサイトの使用料、つまりリストを見てスカウトメールを出すごとに料金を取る。最近は、メールを出すのは無料だが、うまくスカウトできて紹介に成功し、企業から紹介料をもらったらその3分の1を支払う、というような成功報酬型が流行っている。この方式は、紹介会社にとっては使いやすい。いくらでもスカウトメールを出せるからだ。

一方、求人サイト側でも、成功さえすれば無限に収入が増えるから、「どうぞ使い放題で」ということになる。通信費がタダ同然になったネット時代ならではのメリットともいえる。

しかしこうした仕組みが、必ずしも求職者にとって役立つかというと、そうともいえない。大量のスカウトメールを送られるのは、むしろ大迷惑だろう。出すほうは少しでも可能性のあるところには全部メールしてしまうから、受け取るほうが慎重に見極めなければならないことになるからだ。

もう1つ注意したいのが、「複数登録」の問題だ。

転職希望者はできるだけ情報が欲しいので、複数の求人サイトに登録する。ここでネックになるのが成功報酬型の制度だ。もしその転職希望者の紹介に成功した場合、紹介会社は複数の求人サイトに手数料を払わないといけない事態になる可能性があるのだ。

このような場合、紹介会社は紹介自体をあきらめてしまうことがある。つまり、チャンスを増やそうとたくさんの求人サイトに登録した結果、かえって人材紹介会社からは敬遠されてしまう恐れがあるということだ。

転職希望者は、多数のサイトに登録するとこのような不利益があることは、知っておいたほうがいいだろう。

確かに求人サイトは、求人案件の情報を受け取るための便利な仕掛けであることは間違いない。ただ、そこでは自分が「商品化」されている。自分の情報が売り買いされているということだ。

自分の知らないところで、自分の情報に値段がついており、時にそれが自分の転職を妨げかねない。これは情報化時代の弊害であり、自分で自分を守るほかはない。

もちろん求人サイト側も、登録者に不利な事態が起これば事業が立ち行かなくなるので、登録者を守る仕組みには注意を払っている。紹介会社との契約は厳密であり、違反を許さない条項が多い。また、求人サイトの担当者も、ビジネスのためだけでなく、転職希望者のために親身になってくれるいい人もたくさんいる。

転職希望者は、このような求人サイトや人材紹介会社の仕組みをよく理解したうえで、両者を上手に活用することをおすすめしたい。

AIが仕事のマッチングをしている!?

人材紹介会社から見ても、求人サイトは、クライアント企業が欲しがる人材を見つける有効な手段となっている。実際、多くの人材紹介会社が複数の求人サイトを利用して、スカウトをおこなっている。

ただ、その歴史にも変遷がある。数年前まで、人材紹介会社には、求人サイトに登録してある候補者の情報を詳細に調べて求人案件と照合し、丁寧なスカウトメールを出して、年間10件も20件も成約する名人がいたものだ。

しかし今は、各社とも情報システムの活用が進んでいて、候補者のリストを検索し、あっという間に何十通、何百通のメールを出してしまう。名人が調べて、メールを出すまでに、候補者のところには、山のようなメールがほかの紹介会社から来てしまうのだ。

私の会社にもこのような名人が複数いたが、まったくスカウトができなくなり、全員引退してしまった。たとえは悪いが、〝一本釣り〟の時代は終わったのだ。

現在は、求人サイトから候補者を探す能力は、情報システムの活用能力とほとんど一致している。もちろん候補者の適性や能力を判断し、選別するスキルは必須ではあるが、うまく候補者を選別して、早くたくさんのメールを出せるスキルが、人材紹介会社の本質的な競争力の一部になっていることは否めない。

求職者側から見た場合、求人サイトに登録してからの悩みは、スカウトメールが来すぎるか、まったく来ないという、両極端に集約される。

そこで、メールが来すぎる場合の対応法としては、スカウトメールは案件の紹介よりも人材紹介会社の選別に使うこと、つまりいい人材紹介会社を見つける手段にすることだ。

実はスカウトメールのなかには、人材紹介会社側が丁寧に検討して出されたもの、ＡＩもどきの仕掛けで自動的に発信されたものがある。どちらかを判定するのは難しいのだが、それは返信してみた際の相手の反応を見ればわかる。そのとき丁寧で親身な人材紹介会社と付き合うようにすればいい。このようにスカウトメールをきっかけに、人材紹介会社とコンタクトを取り、ほかの会社も含めて自分に合うところを紹介してもらうのだ。

では、スカウトメールがまったく来ない場合はどうするか。これは、「求人案件がない」と理解する以外にはない。ただし悲観する必要はない。その求人サイトに群がっている紹介会社が案件を持っていないだけの話で、転職市場には、その外のところに無限の求人案件がある。

結論として、求人サイトの利用法は、「うまく使って必要な情報を手に入れる」ことに尽きる。そしてたくさん登録してしまうとあとが大変なので、いいところを１つだけ選び、いろいろと研究することをおすすめする。

もちろん求人サイト側も、登録者に転職に成功してもらわないと収入にならないのだから、日々サービス向上に努めているはずだ。

人材紹介ビジネスを「いいとこどり」して自分の味方につけることが、転職成功のコツなのだ。

人材紹介会社を活用するにはコツがある

求人情報にアクセスするにはいくつかのルートがあるが、私がおすすめするのは「いい人材紹介会社を何社か選んで登録しておく」ことだ。

正直なことをいえば、人材紹介会社は転職希望者にかけ持ちされることを快く思わない。それは自社に登録している人材からクライアント企業に採用してもらい、成功報酬を得たいからである。

ただ、会社によって持っている情報が違うので、それは仕方がないことだと人材紹介会社側も思っている。実際、転職希望者のなかには複数の人材紹介会社に登録している人も少なくない。

では、「いい人材紹介会社」とはどんな会社かというと、求人側の企業から信頼されており、転職希望者の面倒見がいいところである。今、人材紹介会社は日本に1万社ほどあるといわれている。そのうちいい会社だといえるのはおそらく100分の1以下くらいだろう。

ただ残念ながら、こういう会社は広告を出していないものだ。広告を出さずとも優秀な人材を集めることのできる独自のネットワークを持っているからである。また、転職希望者が殺到してしまうと、きめ細かなサポートができないという理由もあるだろう。

実際、同業者である私が尊敬しているような人材紹介会社も、ほとんど広告を出していない。そういう人材紹介会社は一流のクライアント企業を抱えていて、登録者のクオリティも非常に高い。ハイスペック人材を一流企業に送り込むので、1件当たりの報酬がとてつもなく大きくなる。先に人材紹介会社の企業からの成功報酬は紹介した人の想定年収の30〜40%と述べたが、なかには100%の報酬を受け取っている会社もある。そういう会社は、たくさんの案件をこなさなくてもいいので、広告を打つ必要がないというわけだ。

では、「いい人材紹介会社」を見分けるにはどうしたらいいのだろうか。ポイントは2つある。

1つは業績のいい会社を選ぶこと。業績がいい会社にはいいクライアント企業、いい求人の案件が集まっている。業績がいいかどうかは外からはわかりづらいが、名前が通っていて長くこのビジネスを続けている会社ならば、いいクライアントといい情報を持っている可能性が高い。

もう1つは親身になって話を聞いてくれるかどうか。転職希望者を使い捨てにせず、希望を丁寧にヒアリングしてくれて、企業に売り込んでくれる会社は、転職希望者にとっていい会社だといえる。

だから、いい人材紹介会社を探すには、口コミを調べたり転職に成功した人から紹介してもらったりしたうえで、実際に足を運んで話を聞くことが大切だ。親身になってくれるか、個人情報の第三者への開示がないかどうかなど、しっかりチェックしてから登録したほうがいい。

また、自分が希望している業界や職種に強いかどうかも確認する必要がある。というのも一口に人材紹介会社といっても、実はさまざまなタイプが存在するからだ。

例えば、大手人材紹介会社はあらゆる業種・職種を網羅しており、抱えている求人情報も多い分、チャンスも多い。20～30代と年齢が若く、語学が堪能など、転職に有利な条件を持っている人は、大手の人材紹介会社を利用するのもいいだろう。

対して、中小規模の人材紹介会社は、特定の業種や職種に特化していたり、外資系だけを扱っていたりと、専門分野があることが多い。専門的な職種での転職を考えているなら、大手よりも自分が目指す業界が得意な人材紹介会社を選ぶのがおすすめだ。

要は、個々人の状況によって、自分に合う人材紹介会社は変わるということだ。

さて、人材紹介会社に登録する際には注意点がある。求人サイトと人材紹介サービスの両方の事業を手がけている企業も多いことは、前にも述べた通りだ。求人サイトに登録すれば自動的に人材紹介会社に登録できる会社も多いが、求人サイトに登録することは個人情報などの面でリスクがある。

ゆえに人材紹介会社には、求人サイト経由でなく直接その会社のホームページのフォームやメール経由でやりとりすることをおすすめする。手間はかかっても1社ずつコンタクトをとり、自分に合った紹介会社を選ぶことが、転職成功の近道である。

今の企業は「即戦力」を求めている

先に、「求人側と求職側は対等で、双方の歩み寄りがあるので、いい条件で転職できる可能性はある。ただし、それには企業にとって役に立つ有能な人材であることが前提だ」と述べた。

では、「企業にとって役に立つ有能な人材」とはどんな人材だろうか？

それはズバリ、「即戦力になる人間」である。即戦力とは訓練や準備をしなくてもすぐに使える戦力のこと。ビジネスにおいては研修をせずとも配属されたら即チームのメンバーとして活動できるような知識やスキルを持っている人物のことを指す。

求人票を見ると「即戦力求む！」と書いてあることも多く、「中途採用」＝「即戦力の採用」というのはもはや常識である。

なぜ企業が即戦力を求めるかというと、今、企業は社員を育てる余裕がないからだ。

何もわからない新卒社員や未経験者を育てるには、時間もお金も人手もかかる。まず新人研修をするのにお金がかかるし、教育しているあいだも会社の売上げに何も貢献していない新人に毎月給料を支払わねばならない。仕事を教えるためには新人に教育担当の社員をつける必要もある。

だが、こうして時間も人手もコストもかけて、これからやっと会社に貢献してもらおうと思った矢先に「辞めます」といわれることも少なくない。

その点、即戦力として転職してきた人材は、仕事を一から教える必要がないし、入社したら「即」とはいわないまでも、短期間で会社に貢献してくれる。仮に雇用のミスマッチが発覚して辞められたとしても、新人を育成したときのようにコストも時間もかかっていないので、ダメージが少ない。

こうしたことから、企業は今、即戦力になる人材を採用しようという流れになっている。「即戦力」というと、専門的なスキルや豊富な経験がある、特別な資格があるといったことをイメージするかもしれないが、それだけではない。もちろんスキルや経験、資格があるに越したことはないが、即戦力には「適応能力がある」「コミュニケーション能力がある」といった「社会人としての心構え、態度」も含まれている。

いくら経験豊富でも、入社したその日から戦力として働ける人はいない。経理のような特別なスキルなら、職場が替わってもすぐに1人で仕事がこなせる場合もあるだろうが、それ以外はたとえ同じ職種であっても、会社が替われば仕事のやり方が違うものだ。

新しい職場に馴染《なじ》もうとし、その会社のやり方を早く覚えようとする「適応能力」、仕事を指示する上司や一緒に仕事をする同僚との信頼関係を早く築くための「コミュニケーション能力」といったことも、企業では重要視しているのだ。

いや、スキルや経験よりもむしろ、適応能力やコミュニケーション能力のほうを重視しているといってもいい。同じ年齢で、高いスキルと豊富な経験を持つがコミュニケーション能力に欠けるＡさんと、スキルと経験ではＡさんに負けるが適応能力やコミュニケーション能力が高いＢさんという２人の候補者がいたら、採用担当者は間違いなくＢさんを選ぶだろう。

専門的な知識やスキル、経験のほうが重要だというのなら、企業は40代、50代の転職希望者を採用するはずだ。しかし、今の企業は20代、30代を求めていることはすでに述べた通りである。

採用と年齢の関係に関しては、次項に詳しく述べることにする。

採用を左右する「年齢」の問題

転職事情は転職希望者の年齢によって大きく異なる。採用担当者が評価するポイントは20代、30代、40代、50代でそれぞれ違うからだ。

転職希望者が20代の場合、採用担当者は１００％、その伸びしろ、つまり成長する余地で採否を判断する。前職で「チームの売上げを2倍にしました！」というような華々しい実績がなかったとしても問題ない。新卒で入った会社で社会人としての経験はすでに積んでいる。早く組織に馴染んで会社に貢献してくれる潜在能力があればいい。

30代の場合は伸びしろ50％、実績50％で判断する。ある程度ビジネスの経験を積んでいるので、即戦力になるし、まだまだ知識やスキルを吸収して伸びる可能性もある。両方を兼ね備えているので、例えば35歳くらいで英語ができて、海外交渉ができて「海外でもどこでも行きます！」というやる気のある転職希望者なら、どんな企業からも採用されるだろう。

40代は１００％、実績で判断される。企業は即戦力として働いてくれることを期待しているので、その人の持っている知識やスキルが求人側の求めているものとマッチすれば、採用される可能性はある。逆に、その人の知識やスキルがその会社で役に立たない場合は採用されることは難しい。伸びしろはまったく期待されていない。

50代はちょっと厳しいいい方になるが、採用されることはかなり難しい。たとえ、その人が持っているスキルや知識が求人側の企業にとって役立つものだったとしても、である。

「年齢の壁」を越えるのは難しい

さて、「転職市場では今、20代と30代に需要がある」「企業は今、即戦力を求めている」ということはこれまでの項で説明してきた。この2つに矛盾があると思う人も、もしかしたらいるかもしれない。即戦力が必要なら、むしろ実績がある40代、50代のほうが有利のような気もする。

実績のある40代、50代よりも20代、30代が求められる理由は、前にも述べた通り、即戦力には「知識やスキル、経験」だけでなく「適応能力やコミュニケーション能力」があり、後者にもウェイトが置かれていることが理由の1つに挙げられる。また、これ以外にも会社側の深い事情が2つある。

1つはコストの問題だ。40代、50代を採用したら会社は年齢に応じた高い給料を払わねばならない。それよりもコストの安い20代、30代を雇用し、早く組織に慣れてもらって戦力になってもらったほうが、費用対効果が高い。

これは芸能界にたとえるとわかりやすい。テレビ番組では大御所芸人やタレントが出演すると高いギャラを支払わねばならず、実は取り分が少ない。一方、将来性のある若手をギャラが安いうちにキャスティングして、その番組の人気が出てくると利益が大きい。

私はかつて映画と音楽の仕事も手がけたことがあるが、これは映画やコンサートでも同じだった。ある大御所歌手がコンサートをやったときは、ギャラは高いしセットや衣装などに対する注文も多く、大赤字だった。

芸能界で無名の人が有名になるプロセスで儲けるのと同じで、企業も若くて給料も安くてすむ年代の人ほど、働いてもらう価値があると判断し、その「伸びしろ」に投資するのが一番利益になるのだ。

2つ目の理由は、日本の年功序列型組織に対応するためだ。最近では外資系のような成果主義の会社も増えつつあるが、日本では依然として年齢や勤続年数とともに役職や報酬が上がる「年功序列」を採用している企業が多い。そのなかに40代、50代の人が途中で入ってくるのは、まわりの社員が非常にやりづらい。

40代、50代はコストがかかると述べたが、そうすると「給料は安くても構わない」という輩《やから》もいる。私のところにも某企業の事業部長だった55歳の人が「俺はあの若造より仕事ができる。あんな35歳の若造に1000万円も払うなら、俺は同じ仕事を500万円でやってやる」といってきたことがあった。

私は半ばあきれて聞いていた。その人も管理職としてこれまでに採用に関わってきたはずだ。私は「じゃあ、あなたが事業部長で、あなたのところに500万円で働くといって55歳の人が来たら採用しますか？」と聞いた。すると、「俺は採用する」と言い張る。

そこで私が「人事部はそれを認めますか？」と聞いたら、「人事部は絶対認めないだろう」と答え、ようやく自分の要求の理不尽さに気づいたようだった。

仮にその人が「300万円でもいい」といっても、どこの企業も採用しないだろう。いくら人件費が安くつくといっても、35歳の人がやるべきポジションに55歳の人がつくとなれば、上司も使いにくいだろう。少なくとも人事部はそう判断する。それに5年経ったら定年である。「組織の若返り」を目指す企業が多いなか、そんな時代に逆行するような人事はあり得ないのだ。

このような想像に至らないところがすでに適応能力がないわけで、やはり50歳以上の転職には厳しいものがある。この適応能力やコミュニケーション能力こそがまさに「伸びしろ」であって、こうした能力があれば、知識やスキルはあとからすぐに身につけられると企業は考える。それが20代、30代のほうが需要がある理由なのだ。

建前をいえば、本来は求人票に「40歳くらいまで」「20歳～30歳」など年齢制限を載せてはいけないことになっている。雇用対策法が改正され、２００7年10月より事業主は労働者の募集及び採用について年齢に関わりなく均等な機会を与えなければならなくなったためだ。求人票には年齢不問としながら年齢を理由に応募を断ったり、書類選考や面接で年齢を理由に採否を決定したりするのは違法行為となっている。

しかし、求人側の企業は組織のバランスや収益における人件費の比率などを考慮して採用するわけで、その条件に合わなかったら書類選考にパスしないのは当然のこと。その条件のなかに年齢が大きなウェイトを占めるので、企業が年齢で差別するのは極めて当たり前なのだ。

転職において一番基本的な条件は、年齢である。30代と40代のあいだには壁があり、40代と50代のあいだにはさらに大きな壁がある。法律がどうあれ、この壁を越えて採用されることは難しい。転職希望者はそれを頭に入れ、それぞれの年代に応じた対策を講じる必要があるといえよう。

「転職回数は3回まで」という不文律

求人サイトや人材紹介会社などのＣＭでは、転職でステップアップしようとあおっているが、転職の経験が多いことは明らかに採用選考においてマイナスポイントになる。転職回数は今や転職活動において、年齢の次に大事なファクターだ。

転職回数は少ないに越したことはない。では、何回までならＯＫなのだろうか。

これまでさまざまな企業からの求人案件を見てきたところ、「転職回数は２回まで」を条件にしている企業が多い。なかには「１回まで」という厳しい条件を挙げる企業もある。

会社の売上げに直接貢献する営業職やエンジニアは、成績がよければより高い待遇を求めて転職回数を重ねてしまうことが考えられるので、まだ許される。しかし、経理や財務や人事などバックオフィスの仕事で転職回数が多い人は、徹底的に嫌われる。

こうした職種においては、実績はあるが転職経験の多いＡさんと、実績は劣るが転職回数ゼロのＢさんがいたとしたら、Ｂさんが選ばれる可能性が高い。つまり、転職はすればするほど不利な条件になり、３回以上経験していると転職が非常に困難になる。

では、なぜ転職回数が多い人は企業から敬遠されてしまうのだろうか。

その理由はいくつか考えられるが、まずは「辞めグセがあるのではないか」と思われてしまうことがある。例えば、30歳で転職経験3回だとすると、今勤務している会社で4社目ということになる。つまり、大学を卒業してから今まで3年も経たずに辞めている会社があるということだ。そのため採用担当者は「うちに入社してもすぐに辞めてしまうんじゃないか」と危惧してしまう。

また、人格的に問題があると思われるという理由もある。どの会社も長続きしないということは、「この人にはどこか欠点があるんじゃないか」「会社員として、チームの一員として欠陥があるんじゃないか」と見なされてしまう。これは辞めた理由が自己都合であれ会社都合であれ、関係なくそう判断される。

採用担当者は「安全第一主義」。採用にはコストがかかるので、採用した社員に短期間のうちに辞められてしまうのは生産性が低い。雇用した社員が辞めないように「社内エンゲージメント」（詳しくは後述する）などの取り組みがなされているところもある。だが、こうした取り組みにも限界がある。だったら社員が辞めないようにするのではなく、最初から辞めない人を雇用しようと考えるのは自然な流れである。「離職するリスクが高い候補者は、最初から排除しておこう」というのが採用担当者の本音なのだ。

私個人としては、社員が離職しないようにするには、「辞めない人を採用する」のではなくて、「人が辞めない会社にする」「会社をよくする」以外に方法はないと思っている。多くの転職希望者と面談した経験からいえるのは、社員が離職するのは会社が悪いケースが少なくとも6割。本当にいい会社なら、社員は辞める必要がないはずである。

会社をよくするには、基本的なことだがセクシャルハラスメントやパワーハラスメントを許さないなど、社員が気持ちよく働けるよう、まずは幹部社員教育を徹底することだ。しかし、企業はこうした本質には気づかずに「辞めない社員を採用する」という方針を貫いており、この現実を変えることは難しい。

退職に至る事情はさまざまだと思うが、これまで2回転職してきた人は次が最後だと考えたほうがよい。3回以上転職してきた人はエントリーしても弾かれる可能性が高いと心得て、転職活動に臨むべきだろう。

転職回数を問わない企業も、あるにはある

転職を重ねる人を敬遠する会社が多い一方で、転職回数を問わない企業もある。そのような企業はだいたい3つのタイプに分かれる。

1つは年功序列型ではない、完全成果主義の会社である。こういう会社は、採用の際には特に転職経験は問わないことが多い。ベンチャーもその傾向が強い。

その半面、転職回数以外の条件が非常に厳しい。例えば、TOEICが900点以上でないとどんな職種であっても書類審査にも通らない。筆記試験も難易度が高いものが出題されるのはもちろん、企業によってはすぐに答えの出せない難問を出題する「ケース面接」がおこなわれたりする。「ケース面接」とは、これは妥当と思われる仮説を立てて論理的に質問の回答を導き出すというもの。応募者の考察力や問題解決能力、固定観念にとらわれない自由な発想などが試される。

もちろん、入社したらしたで生存競争も激しい。成果を出さなければ昇給や昇進を望むべくもなく、年下の上司の下で働かないといけない場合もある。

2つ目は営業など離職率の高い職種の人材を大量に必要としている企業である。それまでの転職回数は問われない代わりに、営業経験や前職での実績が重視される。

給与は成果や能力に関係なく支払われる固定給制ではなく、完全に出来高で支払われるフルコミッション制や、売上げ成績に応じて支払われる報酬が変わるインセンティブ制であることが多い。

そのため成果が上がらない人は結果的に安い報酬で働くことになり、それが離職率の高さを招いている。いい方は悪いが「使い捨て」として採用される可能性もあるので、注意が必要だ。

3つ目は外資系である。私の会社でも外資系企業の求人案件を扱っているが、転職回数をとやかくいってくるところはほとんどない。3回以上転職してしまった人も外資系企業だったら受け入れてくれるかもしれないが、当然のことながら高い語学力が求められる。

こちらも入社したら厳しい競争社会が待っている。外資系は欠員が出た際に人材を募集するので、そのポジションの役割や与えられるミッションが明確なのが特徴だ。チームではなく個人として、会社とコミットした目標をクリアできたかどうかですべてが評価される。クリアできなければ当然、リストラの対象となる。

以上のように転職回数不問という会社もあるにはある。しかし、そこはいずれも生き残りが大変な世界であることは間違いない。

企業の条件が厳しくなった背景

企業が転職回数や年齢の条件を設定することは以前からあったのかもしれないが、このように厳格化、表面化してきたのはここ10年くらいだろうか。年齢制限を求人票に載せることは雇用対策法により禁じられているが、転職回数に関しては「2回まで」「1回まで」とハッキリ書いてある求人票を見かけることがある。

転職回数や年齢の条件が厳しくなってきた背景には、昨今の転職ブームの影響が考えられる。実際、ここ数年で転職者数および転職者比率は上昇し続けている。転職者比率とは一定の期間内での労働者全体に占める転職者の割合のことで、転職者数を総労働者数で割って100をかけた計算式で求められる。

総務省統計局の「労働力調査」によると、リーマン・ショックと東北大震災のダブルショックで日本経済が大きく落ち込んだ2011年では転職者の数は284万人、転職者比率は4・5％である。2018年では転職者数が329万人、転職者比率は4・9％。実に20人に1人が転職する時代になっている。

厚生労働省による2015年の「転職者実態調査」では転職回数の平均は2・8回。もっともこれはその年に転職を経験した人に聞いた転職回数で、一度も転職したことがない人、それ以前に転職を経験した人の回答は含まれていないので、全体の平均ではない。が、その年に転職した人のなかですでに3回近く転職を経験しているというのは、やはり人材の流動性が高くなっているといえるだろう。

人材紹介業界が転職することをあおり、これだけ人材が流動的になると、逆説的ではあるが、今度は企業側が「辞めない人材」「転職ブームに浮かれないような堅実な人材」が欲しくなってくるのではないだろうか。

また、中途採用が多くなると、転職回数が多い人を雇用した際にマッチングがうまくいかなかったケースも、当然ながら増えてくる。そういうことが1度でもあると「やっぱり転職回数が多いヤツはダメだな。今後はやめよう」という偏見ができてしまう。

たとえ転職経験が多い人が何人もその会社で実績を上げていたとしても、失敗例や悪い例のほうが印象に強く残ってしまうものである。

書類選考がコンピュータによっておこなわれるようになったことも、転職回数や年齢の条件が厳しくなっている背景にあるだろう。今は転職ブームゆえ、人気企業・有名企業は転職希望者が殺到してしまう。そのため書類選考の際になんらかの条件でフィルターにかけなくてはならない。その条件のなかに転職回数と年齢が入ってくるというわけだ。

私が聞いたところでは、ある企業が有名人材紹介会社に、あるポストの求人を頼んだところ、そこの若手社員が１００人以上の候補者の履歴書を送ってきたという話がある。そもそも企業が採用を人材紹介会社にアウトソーシングするのは、自分たちが採用にかける手間や時間を省力化したいためなのに、これでは自社で新聞広告を出して募集するのと変わらない。

大量の履歴書を受け取った採用担当者は、選考が大変なので、「学歴はGMARCH《ジーマーチ》（学習院大学、明治大学、青山学院大学、立教大学、中央大学、法政大学）以上」とか「国立じゃないとダメ」などの条件でふるいにかける。人材紹介会社ではコンピュータが大学や学部をグレード分けし、ボタン１つで一定以上のグレードの大学を卒業した者だけが選別される仕組みになってしまう。それでも候補者が絞れないと、そのうちに「２回以上転職した人は不可」といった条件で足切りをするのだ。

以上のように、人材紹介業界は「転職しよう」とあおるが、その結果、ますます採用条件が厳しくなり、転職しにくくなっているという皮肉な現象が起きている。

誰でも「今の会社を辞めたい！」と思う瞬間はある。しかし、転職はその後の人生を大きく変えるものだということをよく理解したうえで、転職活動をはじめることが重要なのだ。

第3章

自分を活かす仕事選び、会社選び

年代によって転職のやり方は変わる

転職先は「二重の専門性」で選べ

転職活動をスタートして、真っ先に直面するのが仕事選び、会社選びの迷いや悩みだ。転職を成功に導くカギはどこにあるのか。転職先を考えるうえで押さえておくべきポイントについて、本章では述べていきたい。

企業が即戦力を求めていることは先に述べた。新しい職場環境に順応するとともに、入社したその日から現場で仕事ができ、成果を出せる人材を求めているということだ。「ということは、自分が持っている専門性を活かす道を考えるのが最善に違いない」と多くの人が考えることだろう。その視点は大筋では間違いないのだが、転職を成功に導くなら、もう少し考察を深める必要がある。

専門性には、大きく分けて「業種の専門性」と「職種の専門性」の2つがある。

業種とは、金融や小売り、情報など、事業の種別のことである。一般的に、異業種よりも同業種への転職のほうがスムーズに進むと考えられている。しかし、近年は事情が変わりつつあり、同業種で働いていたという経歴は、特別有利な材料ではなくなってきている。

その背景にあるのが、市場の細分化である。例えば、同じ電機メーカーの営業でも、ＢｔｏＣ（消費者向け）とＢｔｏＢ（企業向け）とでは仕事の流れは大きく異なる。したがって、ＢｔｏＢの会社に転職して即戦力になるのは、ＢｔｏＢ営業の経験者ということになる。さらにいえば、求人元の会社は、ＢｔｏＢ営業の基本を知っているのはもちろん、市場の変化に応じて的確に手を打つ機敏さ、センスのよさを備えた人材を求めている。

例外はサービス業で、この業種はもともと専門性を重視した人材募集をする割合が少ない。求められているのは、普遍的なサービススキルが中心だからだ。

もはや〝つぶしが利く〟職種はない!?

では、営業や事務、経理、マーケティング、エンジニアなどの「職種の専門性」をアピールすれば、転職活動は進展するのだろうか。答えは業種の専門性と同じで、ある職種に就いていたというだけでは転職を成功に導く優位性にはならない。

再び営業を例に考えてみたい。かつて、営業職は〝つぶしが利く〟といわれた。「業種は違っても売る行為は同じ」であると考えられていたからだ。「自動車のセールスで実績があるなら、住宅も教材も売れる」という具合に、ある業種で活躍していた営業職は、同業種ではもちろん、異業種でも活躍できるというのが大方の見方だった。セールスのエキスパートがいて、業界をまたいで稼ぎまくっているという都市伝説のような噂《うわさ》があちこちから聞こえてきたものだ。

そんな時代もあったが、それはあくまで私が若かった頃の話だ。現代にその図式は当てはまらない。

理由は、業種の専門性が有利な材料にならないのと同じで、業種業態ごとに職種の専門性が高くなってきているからだ。

例に挙げた営業は、とりわけ変化が大きい職種だ。ひと昔前は「足で売る」ことを基本とし、自ら動いて顧客との接触機会を増やすことが業績アップに直結した。それが現代では否定されて、「頭で売る」とか「指先で売る」などといわれている。さまざまな情報システムが導入されたりして、営業のハイテク化が急速に進んだからである。だから、かつては転職先を選ばなかった営業職ですら、つぶしが利かなくなっているのだ。

経理や法務は転職先を選ばないのではないか、と考えるかもしれないが、それも違う。

経理も、例えば製造系と流通系と金融系では必要な知識が大きく異なるため、ほかの業種に転職すると即戦力にはならない。

どんな業種業態でも活躍できる、オールマイティな仕事というイメージが強い法務ですら同様だ。最近の弁護士事務所を見れば一目瞭然だが、法律の専門家は、それぞれに得意分野がある。企業法務の経験が長いとしても、得意分野が労務関係なのか、M&Aなのか、知財管理なのかで力を発揮できるフィールドは大きく異なってくる。求人元の会社がどんな法務人材を求めているかで採用されるかどうかは変わるのである。

こうした状況だから、マネジメントにおいても高い専門性が求められている。ある業界のある職種でマネジャーを長く勤めていたからといって、その経験と手腕を買ってもらい異業種に転職することは、次第に難しくなってきている。

市場の細分化が目につきはじめたのは、20世紀の終盤である。2000年代に入ってからは、転職を考えるうえで見逃すことのできない現象として顕在化した。情報システムの進化が、市場の細分化とそれにともなう人材ニーズの細分化に拍車をかけたのは、間違いない。仕事をするうえで取り扱うシステムが、業種によって大きく異なることが、業種間の転職を難しくしているのだ。

したがって転職活動では、業種あるいは職種の経験を個別にアピールするのではなく、「特定業種の特定職種」での経験と実績をアピールすることが求められる。いわば「二重の専門性」である。

「工作機械の製造メーカーで、おもに東アジアを中心とした海外営業に携わってきた」「エンターテインメント系のアプリ開発を中心とするソフトハウスで法務に携わり、コンプライアンス体制の構築に尽力してきた」というように、経歴から強みがはっきりとわかれば、求人元の会社も採用の意思をはっきりと示せるはずだ。後述するが、特に求人元の会社は、30代の転職希望者にこうした専門性を求めている。

定着率と会社の良し悪し

なんらかの指標に基づいて会社を比較することで、よりよい転職先を探し出せると考える人は多い。そんな人が着目する指標の1つに「定着率」がある。

厚生労働省の調査によれば、新規学卒者（平成27年3月卒業）の3年以内の離職率は

31・8％だった。つまり、新卒者の約3分の1が入社3年以内に退社してしまうのだ。会社経営に携わる多くの人が、せっかく採用した若手が次々と辞めていく事態をなんとかしたいと考えているのは想像に難くない。

離職を防ぎ、定着を促すことは容易ではない。給与待遇を手厚くしたり、働き方改革に力を入れたり、経営理念の浸透を図って自社への帰属意識を高めたりなど、企業それぞれが独自視点で定着率向上に取り組んでいる。その結果、定着率が向上している企業もあれば、どんな手を打っても離職の流れを止められずに苦しんでいる企業もある。

一方、転職希望者の視点に立つと、定着率向上を目指して、積極的に策を講じている企業は、そうでない企業よりも働きやすそうに見える。定着率向上に取り組む姿勢を〝従業員ファースト〟として捉え、その企業の職場環境に期待を寄せているのである。

しかし、このような分析、判断をしているとしたら、それは正しくない。

よく考えてみてほしい。仮に、そうした企業の姿勢に嘘偽りがないとしても、定着率向上に取り組まなければならないのは、そもそも離職率が高いからである。そう考えると、定着率向上に取り組む必要がない企業のほうが、働きやすいということにならないだろうか。

別の見方もある。毎年業績を伸ばしていて、フレックス制やテレワークなど働きやすい職場環境を実現している企業にはいいイメージがあり、そのイメージだけで就職希望者が大勢集まってくる。結果、就職後に「希望していた仕事内容ではなかった」「仕事量が多すぎる」というような不満を抱く人が大勢あらわれ、大量離職につながるのである。こうした事象は、実際にそこここで起きている。

結局のところ、良好な職場環境を実現していたとしても、それが1人ひとりの転職者にとって働きやすい職場なのかどうかはわからないということだ。また、魅力的な職場環境がどこかの企業にあったとしても、それは定着率で判断できるものではない。離職率や定着率などの指標は、会社選びでは参考程度にしかならないと考えるべきだろう。

ただし、小さな企業で、離職率が高いケースには疑いの眼差しを向けたほうがいい。その要因がどこにあるのかも気になるところだが、小企業や零細企業で離職率が高いと、最悪の場合、会社の存続に深刻な影響を及ぼすことになる。新天地は、末永く勤められる会社を選ぶことを優先したい。

福利厚生が手厚い会社はいい会社？

求人サイトに掲載される求人情報を見ていると、福利厚生の充実ぶりをアピールしている企業を多数見つけることができる。こうした福利厚生の充実ぶりも、定着率と同じように、転職希望者が着目する指標の1つになっている。

福利厚生には、法定福利厚生と法定外福利厚生がある。法定福利厚生とは、社会保険料や厚生年金保険料の負担など、法律で定められた福利厚生である。一方の法定外福利厚生には、住宅手当や社員寮の提供、健康診断をはじめとする健康サポート、社内食堂を通じた食事の補助、社内サークルの運営補助、保養所やリゾート施設の利用優待、慶弔費の支給、特別休暇制度、キャリアアップ支援などがある。給与以外に支給・提供される報酬(手当)、制度、サービスが、法定外福利厚生ということになる。

企業によって大きく異なるのは、後者の法定外福利厚生である。法定外福利厚生の充実化を図る会社は、給与以外の報酬やサービスを拡充させることにより、従業員の仕事へのモチベーションアップにつなげたいと考えている。

福利厚生も報酬の一環であると見るなら、その充実ぶりが気になるのは当たり前だ。だが、法定外福利厚生に力を入れている会社がいい会社かといえば、そこには疑問がある。

企業が給与待遇や福利厚生を拡充するのは、突き詰めれば、それが利益につながるからだ。離職を防ぎ、一生懸命に働いてもらわなければ利益を上げることはできない。一方で、持続的な発展を目指すには、1人でも多くの社員に長く働いてもらう必要がある。そうした視点から、休暇をしっかり取ってもらわなければならないし、健康管理に取り組んでもらう必要もある。場合によっては人間ドックに入ってもらわなければならない、と考えるというわけだ。

こう書くと、企業は利己的で冷徹な存在だと思うかもしれない。しかし、経営者が利益拡大に積極的に取り組まなければ、好業績を上げながら待遇アップを実現することはできない。だから、社員が頑張ることのできる環境づくりが会社にとって利益になると経営者が考えているとしたら、それは歓迎すべきことだといえる。

ただし、企業が本気で社員を大切にしたいなら、優先して取り組むべきは、やはり労働環境の整備だと私は考える。福利厚生がどんなに充実していても、長時間労働を強いられたり、休暇を取りづらい雰囲気が漂っているような労働環境では、社員一人ひとりが働きやすさを実感できるはずがない。働き方や労働時間を社員にとってよりよいものにしていくことが、福利厚生より重要だということだ。

したがって転職希望者には、福利厚生の手厚さに目を奪われることなく、その企業が働きやすさの実現にどう取り組んでいるかという、本質的な問いを持ってほしい。特に実質的な労働時間に注目することが肝心だ。就業規定や休暇制度を確認するのは言うに及ばず、過重労働を抑制するための取り組みなども調べてみると、労働環境の整備改善に対する会社の本気度が見えてくる。

女性の転職希望者の場合は、出産休暇や育児休暇、育児時短勤務など、ライフイベントに関わる制度の充実ぶりは会社によって大きく異なるので、あらかじめ詳しく確認しておいたほうがいい。休暇制度や短時間勤務制度はホームページなどに掲載されていることが多いので、確認は難しくないだろう。

働きやすい会社の社風とは

転職先候補の企業が社員の働き方をどう考えているか知ることは、転職を成功させるために極めて重要だ。

繰り返すが、給与待遇や福利厚生がいくら手厚くても、気持ちよく働けなければ、そこに根を張ることはできない。せっかく転職しても程なく再転職を余儀なくされる可能性が非常に高くなってしまう。だから、働きやすい会社かどうかは注意深く見極めたいものだ。

私が考える働きやすい会社とは、「社員の人格を認めて、社員に最大の自由を与えている会社」だ。一言でいえば、「社員を大切にする企業」である。転職先候補がそんな会社だと確信できたなら、選んで失敗することはないだろう。

「自由」は、1人ひとりが幸せを実感しながら人生を歩んでいくために、最も基本的かつ重要な要素である。人は、自分が好きなことをする自由がある。何か困ったときにも、自分で判断して行動する自由がある。

しかし、ともすればビジネスパーソンは、組織の一員という立場に縛られ、私生活にも口出しされながら、会社優先で生きていかなければならない。経営層や管理職が社員に対して「俺のいう通りにやれ」と、無理難題を強要することもある。実際、社則を盾に、服装や髪型、靴にまで難癖をつける会社もあると聞く。女性社員にハイヒールを強要することが、個人の自由を制限するおかしな話だと思わない経営者や役職者が実際にいるのだ。

給与待遇で満足できても、そんな経営者の下で働けば、日々、重圧のなかに身を置くことになるのは目に見えている。

そんな会社に入社したら、やりがいをもって仕事に打ち込むことはできないだろう。だから、社員1人ひとりの自由を尊重してくれる会社をしっかりと見極めなければならないのである。

自由がはっきりと認められている会社は風通しがよく、社員に対してチャレンジの機会を積極的に与えてくれるものだ。

とある会社と協働して進めるプロジェクトの打ち合わせがあり、その会社を訪問したときのことだ。打ち合わせに参加したのは、同社の社長と企画の責任者Aさんだった。

プロジェクトメンバーの人選と役割分担について話し合っていると、その社長が、その場にいないBさんについて、「彼を、このセクションに入れようと思っているんです」と話した。すると驚くことに、Aさんは社長の言葉を遮《さえぎ》るように、「社長、プロジェクトチームの編成は私がやっているので、メンバーの配置は私に任せてください」といったのである。それに対して社長は「そうだったな」といって、それ以上口出しすることはなかった。

このやりとりを驚きの眼差しで見ていた私だったが、「これはいい会社だ」と思った。一社員が、平気で社長に反対意見をいえるのは、社長が社員を尊重し、1人ひとりの自由を大切にしているからにほかならない。この会社は、いずれ大きな成長を遂げるだろうと思ったものだが、果たしてその推測通り、現在も順調に事業拡大を続けている。

考えてみれば、自由な社風は会社の活力源である。自由な社風が根づいているということは、その組織に人格主義が浸透しているということだ。それは同時に、組織が陥りがちな権威主義に染まっていないことも意味している。そうした職場環境が確立しているからこそ、社員は自律的に仕事に取り組み、事業の拡大に力を注ぐようになるのだ。

転職を機に一段成長したい、新天地で大いに力を発揮したいと考えるなら、目指すべきは自由な社風がある会社だ。職場で上司のいうことに服従しながら、小さくなって過ごすというような生き方は、誰も望まないはずだ。

「社員同士のコミュニケーション」も判断ポイント

いつの世にも、自由な会社はある。私は新卒で伊藤忠商事に入社し、別のことをやりたいと、わずか1年半で転職したと述べたが、その短いあいだに同社に根づく自由で平等な社風をはっきりと実感できた。

転職先であったソニーは、さらに上をいく、徹底的な人格主義だった。このことは、私の人生にとって計り知れないほど大きな幸運だった。

今でも覚えているが、当時の社長である盛田昭夫さんが事業方針を述べた際、ある若手社員が「それは会社の方針と違います！」と反対したことがあった。そのとき盛田さんは、「俺、社長だぞ？　会社の方針は俺が決めてるんだ」とゲラゲラ笑いながら返した。それを聞いて、その場にいた全員が大爆笑した。そのくらいソニーには自由な社風があった。その後、ものすごいスピードで世界的なエレクトロニクスメーカーへと躍進を遂げた原動力は、徹底した人格主義に基づく、奔放なまでの自由さにあったと私は確信している。

では、自由な社風であるかどうかをどのように判断するかだが、私の場合は社員同士のコミュニケーションに着目している。地位や立場にかかわらず〝さん付け〟で呼び合う文化がある企業なら、大いに期待できるというのが私の見立てだ。

ソニーがそういう会社だった。セクハラなどという言葉が生まれるはるか以前から、男性社員は女性社員に対する言動を厳しく教育された。また、管理職は部下への接し方を厳しく教育され、相手が誰でも〝さん付け〟で呼びかけ、敬語で話すことがルールになっていた。私も入社直後から、当時の社長の井深大《まさる》さんを「井深さん」と呼び、井深さんからは「郡山さん」と呼ばれていたものだ。

上下関係を徹底している、いわゆる体育会系の会社も少なくないが、ソニーに長くいたからか、私にはそうした組織風土が働きやすい職場づくりを阻んでいるように思える。働きやすさを考えるなら、やはり、人間関係のあり方を大切に考え、職場環境の質的向上に労を惜しまない会社のほうが期待できるだろう。

もっとも、自由な社風にこだわって選んだ転職先であったとしても、転職後は率先して組織に溶け込む努力が求められるのは言わずもがなだ。また、社風が自由であるからといって、どんな立ち回りをしてもいいというわけではない。自由が許される一方で、明確な成果を求められるのが今どきの会社であるということは、心に留めておきたい。

いい会社は「見れば」わかる!?

社風を知るために最も有効なのは、実際にその会社を訪問してみることだ。社内の様子を観察すると、その雰囲気からどんな会社なのかをうかがい知ることができる。

私自身、新規の取引先へは、可能な限り足を運ぶようにしている。人材紹介業を営むものとして、転職希望者に紹介する会社をよく知っておく必要があると考えた私は、では、どうすればその会社のことをよく知ることができるのかと検討を重ねた。その結果編み出したのが、直接訪問して社内を観察するという方法だった。社内の雰囲気はどうか、社員の働きぶりはどうか、どんな経営姿勢なのか――目を凝らして観察しているうちに、訪問するだけでどんな会社なのかが大体わかるようになってきた。

第一に、いい会社は社員がいつも笑顔でいる。訪問客に対応する社員はもちろん、同じフロアにいる人皆が笑顔で出迎えてくれる。それに加え、玄関もオフィスフロアも掃除が常に行き届いていて、いつ行ってもゴミ１つ落ちていない。ピンと張り詰めるような空気が心地いいほどだ。

これに対してダメな会社は、まったく笑顔がない。訪問客を平気で待たせたり、対応が面倒で仕方ないという様子がひしひしと伝わってくる。そのうえ、廊下やオフィスフロアの隅に埃がたまっていたり、デスクまわりには書類などが積み重ねられており、お世辞にも清潔感のあるオフィスとはいえない。

社内風紀がはっきりと乱れている会社は、経営になんらかの問題を抱えているケースが多い。以前訪問したある会社はマスコミでもよく取り上げられる有名企業だったが、はじめて訪問したとき、受付周辺には段ボールが雑然と積み重ねられており、驚いたものだ。その後、その企業は不正が発覚し、大問題となってしまった。

会社は、経営者の姿勢1つでよくもなれば悪くもなる。経営者が何を大切にするかで、その経営者が舵をとる会社の姿は変わってくるのだ。理想の経営者とは、経営を通じて社会のために役立とうとする。それと同時に、会社を構成する従業員全員を尊重し、家族や思想など、従業員1人ひとりが大切にしているものが会社にとっても大切なことだと考える。経営者が一貫してそういう姿勢を崩さない会社は、先ほど述べた「社員を大切にする」会社であり、転職先としてふさわしい会社である。

面接などで転職先候補の会社を訪問するときは、そんな視点で社内の様子を観察するといい。経営者の倫理意識は社内の随所で感じ取れるものだ。

会社選びに失敗しないための情報収集術

転職希望者の多くは、給与待遇をはじめ、直近の業績や事業の成長性、企業文化、職場環境、福利厚生、社会的評価など、できるだけたくさんの要素を評価して、〝客観的に見ていい会社〟を探そうとする。情報源はおもにマスメディアやインターネットなどだ。

客観的評価は何事においても重要だが、膨大な情報のうち、どれに注目するかによって、評価の信頼性は大きく変化するということは意識しておきたい。とりわけ転職先での働きやすさに注目するとき、情報の取捨選択には特別な注意が必要だ。

第一に、新聞や週刊誌、本、テレビ番組など、マスメディアによる企業評や経営者評は表層的で当てにならない。マスメディアも営利企業であり、コストをかけて企業の社内事情を事細かに調べ上げて報じる理由が、「それを求めている人がいるから」ということはありえないのだ。要するに、ビジネスにならなければ、そんな面倒な情報収集はしないということである。

それが実態だとしても、メディアに取り上げられることが多く、知名度が高い会社は好感度が上がる傾向があり、転職先としても人気を博する傾向にある。

知名度が高い会社はいい会社ではない、と断ずるつもりはない。しかし、広告や広報によって築かれたイメージはつくられたものであり、働きやすさや仕事のやりがいを背景にした評価ではないのは確かだ。事実からかけ離れた好感度を会社選びの基準にしても、満足できる転職にはつながらないだろう。

とするなら、やはり自分自身で、その会社の職場環境に関する情報を調べるのが最善の策ということになる。

情報源としてまず考えられるのは、インターネットだ。経営者あるいは広報部門など特定セクションがSNSなどを活用して積極的に情報発信している場合は、その内容は参考になるだろう。場合によっては質問をぶつけて回答してもらうこともできる。社員が情報発信している場合もあり、職場環境を知るには有効な情報源である。

ただし、SNSで発信される情報は玉石混交なので、あくまでも参考情報であると考えたい。多数の企業の口コミを集めたインターネットサービスもあるが、こちらは、さらに信頼度が下がる。特定の企業の評判を下げようと投稿された口コミや、実際以上によく書かれたサクラの口コミもあるので、信頼できる情報とそうでない情報を正確に選《よ》り分けるのは難しい。

最も多くの情報を得られるのは面接時である。面接で求人元の会社を訪れたなら、先ほど述べたように社内の様子をしっかりと観察するといい。社内が整然としていて、対応した社員もしっかりしていたなら、まずは安心だ。面接で会社を訪れても、なかなか誰も出て来ない会社もある。そんな会社は論外であり、迷わず候補から除外すべきだ。

面接時も情報収集の有効な手段となる。どんな会社であっても、面接で社員数や業績について聞くことくらいはできるだろう。

ただし、質問の仕方には注意が必要だ。基本は「明るく、笑顔で」。暗い調子で質問してしまうと、相手にネガティブな印象を与えてしまいかねない。そのような印象を与えてしまうくらいなら、いっそ何も聞かないほうがいい。

企業側は、会社に合わせてくれる人、早く馴染んでくれる人を採用したいと思っている。情報収集をしようとあせるあまり、「この人はいろいろとうるさいことをいってきそうだ」と思われ、その会社との縁が切れないようにしてほしい。

悪評は判断材料になる

信頼性の低い情報は当てにしないほうがいいと述べたが、悪評は例外だ。「業績不振」「御家騒動が起こりそう」といった噂が聞こえてきたなら、その情報を〝会社を選ばない理由〟としてもいい。真偽が定かでなくてもいい。警戒する姿勢が大切なのである。当社も悪評が上がった会社には警戒するようにしている。

あるメーカーは、ほかのメーカーからの転職希望者を20人も中途採用したのだが、その20人全員が間もなく退職してしまった。そこにどんな理由があったのかは明らかではないが、このような極端な事態が起こるということは、会社や組織風土に問題があると見ていい。今後も深刻な問題が起こる可能性は否定できないと判断し、その企業の依頼を断ることに決めた。

また、別のある会社は、中途採用でも積極的に管理職に登用するが、昇進したとたんに勤務時間が朝7時～夜11時となり、日曜祝日も基本的に仕事になるという噂が聞こえてきた。それが本当なら、そんな働き方でのびのびと健康に働けるわけがない。社員にチャンスを与えるのは素晴らしいことだが、一方で滅私奉公を強いるのでは意味がないばかりか、単なるブラック企業だ。

いくら知名度が高い会社が門戸を開いていても、このような悪い噂が聞こえてきたなら、実際に問題があるのではないかと疑ってみることだ。事業内容や成長性に魅力を感じても、経営に問題がある企業に近づいてはいけないというのが転職の原則だ。

同様に、第一候補としていた会社であっても、事業不振がささやかれるようなことがあったなら、転職は再考したほうがいい。事業が立ち直ることもあるだろうが、やはりリスクは少なくないと考えるべきだ。

上場企業なら、決算書から経営状況や財務状況を確認して、元気な会社なのか、安定経営が期待できる会社なのかを確認することはできる。噂を補完する情報があれば、納得したうえで方針転換できることだろう。

会社はどれも「五十歩百歩」!?

ここまで転職先の会社選びに役立つ情報の収集方法について述べてきた。不確かな情報に惑わされず有用な情報を豊富に集めることができれば、転職活動にプラスになるのは間違いない。ただし、転職先候補となる会社が複数ある場合、今度はどんな観点から候補を絞り込めばいいかが問題になる。手元の情報が多いほど、迷いはかえって大きくなるものだ。

そんなときは、いったん頭をリセットするといい。「どの会社も似たようなもの」と考えてみるのだ。そのうえで、はっきりと好感を持てる要素が見つかった会社があるなら、転職を考えてみてはいかがだろうか。

会社の内情を徹底的に調べ上げたとしても、そもそも、その情報は会社の一面をあらわしているに過ぎない。条件のよさがはっきりしても、自分自身が腰を据え、やりがいを持って働けるかどうかは別問題だからだ。その答えがはっきりするのは、入社して、組織の一員として働くようになってからである。

そこで細かく考えるのはやめて、「ここがいい」と思える要素が1つでもある会社を選んで先に進むのだ。

「会社選びは結婚のようなもの」と考えてみてはいかがだろうか。

あれこれ多数の条件を並べて、徹底比較して選んだ結婚相手だからといって、末永く連れ添うことができるかはわからない。その相手と生涯をともにできるかどうかは、神のみぞ知るところだろう。収入や容姿に満足しても、どこか相性が合わないと感じただけで黄信号が灯るものだ。一方で、なんとなく付き合った2人が結婚して、生涯添い遂げることも珍しくない。事前の調査が結婚の成否を分けるのではないのだ。

昔読んだ外国の古い本に、男性の結婚相手探しについて、次のような言葉があった。

「まず女性を1人選べ。それから、その人のなかによいところがあるかどうか、あとから考えろ」

会社選びも同じだ。突き詰めれば、転職も結婚も、決め手は「好きか嫌いか」である。基本的に、10年以上続いている日本企業の99％はいい会社だと思っていい。だからこそ、会社は直感で選んでもいいのだ。

私はこれまで3000人以上の転職を見てきたが、うまくいった転職は直感で決めたものが多い。細かな情報収集はせず、少ない情報のなかに納得のいく要素が見つかるや、転職を決断。結果、見事成功を勝ち取ったケースがいくつもあった。

一方、転職先がなかなか決まらない人や、入社後にトラブルを起こして再び転職活動をしなければならなくなる人には、徹底してデータを集めて転職先を調べ上げようとする傾向がある。しかし、さまざまな情報を見比べるうちに、自分がなぜ転職しようと思ったのか、転職先でどんなことをしたいと思ったのかがわからなくなるのではないだろうか。もしかしたら、転職に成功する人が直感的に見出しているいい転職先のいいところが、データを調べ上げてから決めようとする人には見えづらくなるのかもしれない。

科学的な根拠があるわけではないのだが、長年、転職希望者を見てきた経験から、こうした傾向が存在すると私は確信している。

転職のやり方は年代によって大きく変わる

一口に転職といっても、実は年代によってとるべきアプローチは異なる。なぜなら、人材ニーズが年代ごとに異なるからだ。

転職市場全体を見渡すと、ニーズが高いのはいうまでもなく20～30代の若い年代である。ミドルあるいはシニア人材を積極的に求める企業はごくわずかだ。当のミドル、シニア世代にとっては救いようのない話だが、ニーズに偏りが生じるのは自由経済では当たり前のことだ。

このため、求人元が「この年代は必要ない」と判断すれば、転職希望者がいくら努力しても採用されない。年代のミスマッチには、転職希望者は打つ手がないのである。

求人元に生殺与奪の権利があるといいたいわけではない。求人元は理由があって求人を出し、中途採用しようとしている。どの年代の人材を求めるかも、事業計画に基づいて決まることである。そこに、40～60代の転職希望者が増えているといった世情が影響を及ぼす余地はない。

そうしたなかで転職希望者に求められるのは、転職市場を正しく知り、どのような道を選ぶべきかあらかじめ考えておくことだ。

それでは、それぞれの年代で転職希望者がどんな状況に置かれているかを展望しながら、転職とどう向き合い、どう企業にアプローチすればいいかを考察しよう。

20代は「軌道修正の転職」

20代は、30代と並ぶ転職のボリュームゾーンである。20代の転職者のなかでも、新卒入社後、わずかな就労期間で退職して次の会社を探している早期離職者が転職先を探す際は注意が必要だ。

こうした早期離職者は第二新卒者と呼ばれ、その採用は活発化しているともいわれている。だが、第二新卒者は新卒者と同じ枠で採用されることもあり、その場合、給与待遇も仕事内容も新卒扱いとなる。給与や仕事内容に不満があって早期退職したとしても、即座にその不満は解消されないことになる。

また、第二新卒者の採用に積極的な会社は、ITや運輸、建設、サービスなどの業種に多い。慢性的な人手不足に陥っている会社が第二新卒者採用の中心的存在であることは想像に難くなく、それ以外の人気業種を希望する早期離職者が、第二新卒者市場の拡大でメリットを享受することはない。

こうした状況を考えると、仮に現在の給料や職場の人間関係に不満があるとしても、転職に踏み切るのは入社3年後以降、つまり第二新卒者と呼ばれなくなってからにするべきだろう。

新卒入社した会社で3年間を過ごした経歴は、ビジネスパーソンとしてそれなりの仕事経験を持っていることのアピールとなる。企業が新卒入社後、3年以内に離職する早期退職者を敬遠するのは、人材育成が十分になされておらず、いわば社会人として未熟である可能性が高いからだ。そうした懸念を払拭できたなら、可能性を秘めていることが期待され、スムーズに転職が進むこともある。若さがむしろ武器になるというわけだ。

会社は、20代の人材に専門性の高さは求めていない。期待しているのは、伸びしろの大きさ、特に自社の業務への適応能力だ。だから、先述した「二重の専門性」にとらわれることなく、幅広い候補から転職先を考えればいい。この点は、この世代が転職する場合の優位性だといえる。

ただし、20代だからこその不安材料もある。職場に定着しないうちに早期退職することで、組織にどう馴染めばいいかがわからなくなり、早期退職を繰り返すようになってしまう人がいるのだ。給与待遇に対する不満や、職場内の人間関係の不満が転職のきっかけという場合は、転職によって問題が根本的に解決するかどうかよく考えてみてほしい。

例外は、新卒入社した会社の業種や仕事内容が自分に合わないと確信したときである。「今の会社を出て一生の仕事を見つけたい。そこで力を発揮したい」という明確な意思があるなら、3年間を待つことなく、すぐにでも転職活動をスタートさせることをおすすめする。

私自身も新卒入社した会社を1年半で退職したことはすでに述べたが、それは「この会社に自分のやりたいことはない」とはっきりわかったからだ。

社会に出てまだ間もない若手であっても、日頃からビジネスパーソンとして何を成し得たいかを考え、キャリアプランを明確に描いていれば、採るべき道をはっきりと見定めることはできる。

30代は「能力を伸ばす転職」

転職市場の中核をなすのが30代市場である。同じ業種での仕事を10年前後経験してきた人が多いことから、仕事を通じて得た専門知識や専門スキルを発揮し、即戦力となり成果を生み出してくれるパフォーマンスが高い人材として、また、新しい領域に挑戦して新しい成果を獲得してくれる人材として、会社はこの世代に注目している。

こうした求人元の期待に応えながら、自らも新たな職場で大きな成長を遂げることを目指すのが、30代の転職のあるべき姿だ。

同業種への転職を希望しているなら、同職種への転職を第一に考えたい。本章の冒頭で述べた「二重の専門性」によって転職がスムーズに進められるとともに、自身が培ってきた「業種の専門性」と「職種の専門性」の2つを引き続き伸ばしていくことで、キャリアアップを図ることが、その目的だ。

ただし、「二重の専門性」を満たす転職先を探すのが目的ではない。目指すのは、自身の成長につながる会社を選ぶことだ。

30代は、自分の将来の姿を考えるようになる年代である。世間知らずだった20代当時と比べて分別もつくはずだ。自分の伸びしろについて分析しながら、キャリアデザインを明確に描き、実践していくことを意識すべきだろう。

キャリアデザインの設定では、現実的な視点が求められる。「二重の専門性」を活かしてキャリアアップを図るのは、現実に基づく有効な戦略であるといえる。

また、キャリアデザインを描くにあたり、「転職しない」という選択肢についても真剣に検討してほしい。専門性を高めて重要な仕事に取り組んでいくことが目的であるとするなら、現在の会社で力を発揮したほうが、評価を得て重要な役割を担えるようになる可能性が高いこともある。

ただし、現在の会社で行き詰まり感を抱いているなら、話は別だ。「この会社にいたら自分は成長できない。100％の力を発揮して、大きな成果を上げることなどできない」と感じたら転職はアリということだ。

大企業に勤めている人には、そうした焦燥感を覚えて転職を考えるようになる人が少なくない。大企業には、才能があり、意欲が高い人が集まるので、意に反して活躍できないことがある。プロ野球の選手にたとえれば、監督やコーチからの評価が低く、ゲームに出してくれないと嘆いている人気チームの選手が、出場機会を求めて他球団へ移籍するのと同じ状況である。

ただし、本当に活躍の場を与えられる可能性はないのか、慎重に見極めたほうがいい。活躍したいのにチャンスに恵まれないと同僚に愚痴をいっていたら、間もなく大きな仕事を与えられてバツが悪い思いをしたという話をよく聞く。チャンスがあるうちは、転職せずにその会社で働いていたほうがいいと私は考える。

いずれにしても、年収など給与面による不満や人間関係の不満からではなく、「自分が成長できるかどうか」「社会の役に立てるかどうか」が、転職活動で迷ったときの判断基準となる。より高いレベルの仕事を求めるとき、どの職場を選ぶのが最善かを考えるということだ。「30代は勝負のとき」と位置づけ、どこで勝負をするのかということを、じっくり考えてみてほしい。

40代は「勝負に出る転職」

20代、30代と比べて、40代の転職は難易度が数段階高まる。理由は簡単だ。40代に期待している会社が少ないのだ。

求人元の会社が転職希望者に求めているのは、新たな職場環境でこれまで以上に力を発揮する人材である。しかし、残念ながら、40代に伸びしろはほとんどないうえに、環境順応性も低い。したがって、40代を迎えたなら、転職するよりも現在の会社にとどまることを第一に考え、そこで自分の能力を伸ばすこと、あるいはこれまで身につけてきた知識やスキルを維持することに注力したほうがいい。

とはいえ、40代が転職できないわけではない。門戸は狭いものの求人はある。その前提で述べると、40代で転職するなら、それは自分のビジネスキャリアを完成させるための転職であると考えるべきだ。

人は長い年月をかけて、さまざまな能力を身につけながら成長し続ける。そして、45歳前後を分岐点としてその能力は衰えはじめるといわれている。しかしながら、平均寿命が延び続け、人生100年時代といわれるようになった今、90歳まで現役で働く人が次々とあらわれると私は予想している。

そうなったとき、40代は、ズバリ人生の折り返し地点ということになる。とするなら、転職を考えている40代は、自分の人生の前半戦を完成させるとともに、その後のキャリアをよりよいものにするために転職を考えるべきだと思うのだ。

「人間関係がうまくいかないから」「給料を少しでも上げたいから」といった理由なら転職しないほうがいい。40代が転職に際して考えるべきは、第一に、これまで培ってきた知識やスキルを活かして、ビジネスパーソンとして仕上げのフェーズに移行することであるはずだ。

50代、60代、70代と年齢を重ねるなかで、自分が持っている知識やスキルを活かして何を実現するか、そのためにはどんな環境が必要なのかをじっくり考えてキャリアを築くことを目指すのである。

もちろん、40代にもなると、自分のキャリアだけを考えればいいということはない。家族のことや老後の生活のことなども考える必要がある。転職せざるを得ない状況になったら、準備を怠らず、常にリスクマネジメントを意識しながら転職活動を進めてほしい。

50代は「守りの転職」

近年は小規模ながら、50代の転職市場が形成されている。ただしエグゼクティブの転職を除けば、この世代の転職希望者が仕事の領域を広げて収入も増やす転職を実現するのは、極めて難しいのが実情だ。

客観的に見て、50代は転職するには遅すぎる年齢だ。希望する条件での転職はできないという認識を持つことが、まずは求められる。

転職を希望する場合も、本当に転職しなければならないのかを、よく考えて行動に移さなければならない。40代に計画し、綿密に準備してきたキャリアプランを50代で実現しようというのでもない限り、厳しい転職市場に打って出るのはおすすめできない。50代が転職を決断するのは、やむを得ず職を変えなければならない事情があるときだけだと考えるのが賢明だ。

ただし、ごく稀《まれ》に50代でも理想的な条件で転職できることがある。

当社でも、50代の転職希望者が、人材登録からわずか10日ほどで採用されたことがあった。転職希望者は、取り扱い企業が国内に3、4社しかないという、ある希少な商品の営業に携わっていた経歴の持ち主である。人材登録の際、当人から「自分は、その商品しか売ったことがない。ほかの営業はできない」という話があり、おそらく希望通りの条件で転職するのは難しいだろうと私たちは考えていた。

そんな矢先、その商品に通じた人材が欲しいという求人依頼があったのだ。求人元はその商品の取り扱い企業ではないが、事業拡大を目指し、新規プロジェクトでその商品を取り扱いたいということだった。

特殊業務の求人ということで、待遇も破格である。結局、その転職希望者は、本人が提示していた条件以上の高待遇で転職することができた。「ファインセラミックを扱っていた人はいないか」「高圧ボイラーを設計できる人はいないか」というように、よく似たケースは技術系の職種ではときどきある。といっても、求人に見合う人材がタイミングよく登録しているとは限らない。

そんな巡り合わせで転職が決まるのは、宝くじ並みの確率だということだ。その前提で考えると、転職活動中に条件がピタリと合う求人に運よく巡り合ったなら、思い切って転職を決めるべきだといえそうだ。

どういうかたちにせよ、50代が転職を決意したなら〝守りの転職〟を心がけてほしい。簡単にいえば、不要な冒険は自重し、これまで築いてきたものを守り切ることに全力を傾けるということである。

そうやって、60代を迎えてからも元気に仕事を続けられる環境を築くことが、50代が転職を考えるうえで最も重要なポイントということになる。

60代は「転職ではなく求職」

拙著『定年前後の「やってはいけない」』（青春出版社刊）で繰り返し述べてきたことだが、60代になると雇用を取り巻く環境は大きく変化する。もちろんそれは、転職希望者にとって不利な状況へと変化するということだ。

60代にしてなお精力的な人なら、「豊かな経験と知識を活かして、新たな職場で役に立ちたい」と考えるかもしれない。しかし厳しいようだが、その思いは片思いでしかない。

多くの会社は、基本的にシニアの力を必要としていない。しかも、産業技術が急速に進化している現在、ベテランの経験値が活きる場面は激減している。

だから私は、60代は「転職」するのではなく、「求職」するのだと主張してきた。

身につけた知識やスキルを活かして、次なる活躍の場を探すのが転職であるなら、自分の知識や経験を売り物にできない60代は転職できないことになる。ではどうすればいいのかというと、業種・職種を限定せずに、自分ができる仕事を求めて探し回るしかない。だから転職ではなく求職なのである。それが現実だと割り切り、新しい視点で仕事を求めることをおすすめしたい。

新しい視点とは、有り体にいえばこれまでの経歴を捨てるということだ。定年前の役職やポジション、収入にこだわってはいけない。

ある企業が、シニアを対象に求人したいと当社に問い合わせてきたことがあった。給料はいくらぐらいか尋ねると、「年収300万ぐらいから」という答えが返ってきた。当社に登録しているシニアの転職希望者には、大企業の重役を務め、かつては年収3000万円を超えていたという人も少なくない。そんな人なら、年収300万円の仕事には目もくれないと思うかもしれない。しかし、現実は違う。この条件でもいい、ぜひ働きたいと積極的にアプローチしてきた元大企業重役の転職希望者が、思いのほか多かったのだ。

こうした事実が、シニアの転職市場の厳しさを物語っている。シニアが年収1000万円以上を超える高収入の仕事に就いた例もあるが、それはごく稀で、前にも述べたように宝くじに当たるようなものだと考えたほうがいい。

60代の転職では、基本的に選り好みをしないで、自分が必要とされているならどんな条件でも迷わず受け入れる柔軟さが求められていると知っておいてほしい。

20代、30代は、「自分で自分を育てる」意識を持つ

ここで再び転職市場全体を見渡してみると、見えてくるのは自らキャリアを築こうという意思を持つことの大切さだ。

自らのキャリアプランに基づきキャリアアップを実現するための転職と、職場に対する不満をきっかけにした転職は、まったく別物だ。転職に必勝法はないが、納得のいく転職を実現できる可能性が高いのは、自らのキャリアプランに基づく転職であると考えるのが自然だ。

これまで日本のビジネスパーソンはキャリア形成に無関心で、自らプランを持ってキャリアを形成しようとする人はごく一部しかいなかった。それが、人生１００年時代の到来により、しっかりとしたキャリアプランを持っていなければ、ミドル、そしてシニアになってから、大変な苦労に見舞われるということが見えてきたのが現在の状況である。

この気づきをきっかけとして、１人ひとりが自分のキャリアを真剣に考え、自力でキャ

リアを築くことに取り組む必要がある。長寿大国となり、人生観や仕事観、会社のあり方に変化が起こっている今こそ、キャリア形成の大切さに関心を持ってもらえるいい機会だと私は思っている。

実はすでに、明確なキャリアプランを持ち、その実現に向けて行動するのを当然のこととする若い世代も出はじめている。その背景には、新入社員教育にかける時間が大幅に短縮されるなど、教育研修にコストをかけない傾向が強まっているという事情がある。その結果、「自分で自分を育てる」という意識が一部に芽生えはじめたのだ。

そんな若い世代には、終業後に社外の教育サービスやセミナーを活用するなど、自己研《けん》鑽《さん》に励む者が数多く見られる。こうした自発的な学びの費用を一部負担するという会社もあるようだが、学びに貪欲な若い世代は、会社の補助を期待しておらず、自己投資が膨らむことも厭《いと》わない。自助努力でたくさんのことを早く学び、いち早く上のステージへと駆け上がることを目指して学びに勤しんでいる。

事情はどうであれ、私には好ましい変化のように思える。これから20代、30代の若い世代は、「自分で自分を育てる」という明確な意思を持たなければ、難しい社会のなかでビジネスパーソンとしての成長を果たすことはできないだろう。

ソニー時代の上司だった盛田昭夫さんは、よく「会社は学校ではない」といっていた。仕事は上司や先輩に教えてもらうものではなく、自律性を第一に自ら課題解決に臨みながら身につけていくべきものであると釘を刺したのだ。働くすべての人は、その言葉をしっかりと胸に留めておくべきだと私は考える。

第4章

転職の「やってはいけない」

転職を成功に導く実践ヒント

私がこれまで3000人以上の転職活動に関わってきたことはすでに述べた。そのなかには、スムーズに次の会社が決まる人もいれば、時間がかかったり不本意な結果となった人もいる。

そうした人たちを見ていて気がついた「やってはいけないこと」について、この章では紹介していきたい。これまで述べてきた内容の繰り返しになる部分もあるが、私の実体験も交えつつ、解説していこう。

やってはいけない❶ お金を目的にするな

厚生労働省の2018年の雇用動向調査によると、2018年1年間の転職者が前職を辞めた理由は、男性では「定年・契約期間の満了」が16・9％と最も多く、次いで「給料等収入が少なかった」の10・2％、「労働時間、休日等の労働条件が悪かった」の10％の順となった。

女性では「定年・契約期間の満了」が14・8％と最大で、次いで「労働時間、休日等の労働条件が悪かった」が13・4％、「職場の人間関係が好ましくなかった」の11・8％、

「給料等収入が少なかった」の8・8％の順である（男女とも「その他の理由（出向等を含む）」を除く）。

これらから男女ともに、1割程度の人が「お金」を理由としているのがわかる。

また、日経キャリアNETが2年前におこなった会員向けのアンケートによると、「転職で年収が下がるときにどう対応するか」との質問に対し、「年収が下がるならば転職しない」という回答が全体で3割弱を占め、「希望する仕事に就けるならば年収は多少下がってもよい」の3割強と大差がない結果となった。

さらに、グローバル展開する人材会社マンパワーグループが世界各国の約1万4000人（18～65歳）を対象におこなった調査で、求職活動で重視する点について尋ねたところ、日本では84％、グローバル平均では59％の人が「給与」と回答し、いずれも最大となった。次に多かったのが「仕事内容」で、日本では82％、グローバル平均では53％の割合である。

ここで強調したいのは、これまでにも再三述べてきたが、「転職の際は絶対にお金を理由にしてはいけない」ということだ。ましてや、志望動機を述べる場でそのことに言及するのはもってのほかである。面接では、「なぜ今の会社を辞めるのか」「なぜ当社に来たいのか」などと、必ずといっていいほど聞かれるものだ。そこで「年収を上げたい」と口にすると、相手には「ほかにもっと金銭的に条件のいいところがあれば、そこに行くのだろう」と思われてしまう。

志望動機については、あくまでも「その仕事がやりたい」と伝えるべきだ。給料を上げたいという動機では、よほど優秀な人材でない限り、99%失敗する。たとえ収入アップが自分の本音であっても、それをいうのはご法度なのだ。

ただし、絶対に譲れない条件というのはあるだろう。例えば勤務地、勤務時間、家族の意向などもそうだが、給料についても自分のなかでの最低限のラインはあるはずだ。そうした条件を踏まえつつも、志望理由としてはお金を前面に出さないようにすべきだ。

転職を成功させるためには、自分が新しい会社や仕事に向いているとか、やりがいを感じるという点が最も重要となる。「この仕事をやりたい。自分の能力を伸ばしてくれる。だからあなたの会社に入りたい」ということだ。

裏を返せば、「今の会社は私を十分に使ってくれない。このままでは私の能力が伸びない。だから転職したい」ということでもある。それこそが転職の最大の理由になるべきである。

やってはいけない❷

人間関係を理由にするな

もう1つ、パワーハラスメントのような事態は例外としても、「嫌な上司、同僚がいる」といった人間関係を理由にした転職も避けなければならない。

どの会社にも、相性がよくない人はいるものだ。前述の厚労省の雇用動向調査でも、前職を辞めた理由を尋ねる質問ついては、「人間関係が好ましくない」という回答の割合が高かった。

だが、私の長年の経験からいわせてもらえば、「悪い上司ほどよい先生」ともいえるのだ。反面教師という意味合いもあるが、嫌いな上司といかにうまく付き合い、折り合いをつけられるかというのは、組織にいる人間にとっては必要不可欠な処世術だ。

転職には今の会社での待遇、人間関係への不満、ストレスといった要因が存在することはよくあるが、それを理由にしてしまうと、相手企業から採用通知が届くことはない。首尾よく転職できたとしても、新しい職場に相性のよくない上司や部下がいることは十分考えられる。人間関係が悪くても、それを我慢して克服できるタフな人でなければ、転職などおぼつかない。

日本生産性本部が大卒、高卒などの新入社員約1600人を対象におこなった2018年度の「働くことの意識」調査によると、「仕事をしていくうえで人間関係に不安を感じる」と答えた人が70％に上り、5年前よりも4・5ポイント増加した。一方で「仕事を通じて人間関係を広げていきたい」と考える人は94％を数え、5年前より1・7ポイント増加した。

このように、若き新入社員は、新社会人としての新たな出会いに胸を膨らませると同時に、人間関係への不安も相当に抱えているようだ。

しかし、転職希望者はすでに社会人経験があるのだから、さまざまな人間関係の複雑さや難しさを乗り越えてきたとみなされる。「苦手な上司とどうやったらうまく付き合えるか」といった会社でのサバイバル術を心得ていて当然なのだ。いってみれば、世の中は十人十色の個性を持つ、変な人だらけだ。人間関係の困難が転職理由になるような人は敬遠されてしまう。

やってはいけない❸

求人サイトには3社以上登録するな

日本生命技能労務協会などが発表した「2020年の労働市場と人材サービス産業の役割」によると、転職者や新たに労働市場に参入した新規就業者は、年間で働く者6400万人の約12％に上る。過去1年間に仕事を変わったことがある転職者（1年前の勤務先と現在の勤務先が異なる者）は370万人で、転職率は5・7％だ。1年前は仕事をしていなかったが、この1年で新たに仕事に就いた新規就業者も約400万人を数え、新規就業率は6・2％。また、転職希望者は770万人で、うち340万人が実際に求職活動をおこなっている。

転職者が仕事を見つけた方法（入職経路）は、ハローワークなどの公的なサービスが約29％、求人広告と民営職業紹介所を合わせた民間の人材サービス産業経路が約30％、縁故が23％。ハローワーク、人材サービス産業、縁故の「3大経路」のうち、ハローワークと人材サービス産業だけで6割近くになっている。

近年は転職市場の認知度が急速に高まり、インターネット上には無数の求人サイトが存在している。転職希望者はこれらのサイトに登録したうえで、掲載されている求人案件にアクセスし、自ら応募手続きや面接日時の相談をおこなう仕組みだ。

人材サービス産業の市場規模9兆円のうち、求人サイトや紙媒体などの各種メディアによる「求人広告」は1割強を占める。全国求人情報協会の調べによると、2018年3月時点のメディア全体の月間広告掲載件数は前年同月比16%増の約150万件。メディア別に見ると、有料求人情報誌が同4%減の3万9000件、フリーペーパーが同10%減の7万3000件、求人サイトが同34%増の105万件となった。転職市場の活況ぶりがうかがえる数字である。

だが、「下手な鉄砲も数撃ちゃ当たる」式にたくさんの求人サイトに登録することは禁物だ。登録数が多くなればなるほど、自分の価値が下がるのは第1章で述べた通りである。また、かえって情報過多の状況に陥って志望先を絞り切れなくなり、望みにかなった企業や職種にたどり着けない場合もあり得る。

以上のことから、私は登録するサイトは、多くても2つまでにすべきと考えている。その2つのサイトについては、一般的なサイトと、専門の業界や職種に特化したサイトを選ぶといい。例えば、各種の業界や職業を幅広く扱うサイトと、経理や技術者など専門者用のサイトを選ぶ。そのようなサイトに登録しつつ、人材紹介会社を活用するのだ。

やってはいけない❹ 》人材紹介会社は1社に絞るな

紹介会社については、懇切丁寧で面倒見のよい複数の会社に登録するとよい。それでも見つからないときは、さらにほかの紹介会社にも当たって登録数を増やしていくのがおすすめだ。特に、年俸1000万円を超えるようなエグゼクティブクラスの転職については、求人サイトよりも紹介会社のほうが確実である。

複数の人材紹介会社と付き合うべき理由として、とりわけ幹部社員の転職の場合には、採用企業側が慎重になることが挙げられる。幹部クラスの場合、転職希望者の学歴や社歴がしっかりしたものでなければ紹介しにくくなる。採用する企業側は、こういった人材についてはどうしても安全策をとる傾向にあるからだ。また、転職を10回していても優秀な人はいるだろうが、そういう人を企業は積極的には採用したがらない。

人材紹介会社が転職希望者と面談するときには、「何をやりたいのか」を徹底的に尋ねる。キャリアプラン、人生プランが明確でないと、紹介会社も自信を持って紹介できないからだ。

当然ながら、そうしたプランは希望者それぞれによって異なる。仕事の内容や希望年収はもちろんのこと、通勤時間や家庭の事情も千差万別だ。転職とは、無数の希望者と求人企業とをジグソーパズルのように当てはめていくものなのだ。だからこそ、多くの情報を持っている紹介会社を介して活動をおこなうことで、より労少なくしてよい縁と出会うことができるといえる。

現在では、ほぼすべての紹介会社がホームページを持っているので、それを閲覧しながら、どんどん相手企業についての問い合わせメールを送ってほしい。

また、企業は今、あらゆる業務のデータベース化を急速に進めている。採用についても、学歴、職歴、さらにはＴＯＥＩＣの点数といった条件をデータに入れて、それを書類審査の際に使用する会社が増えた。こうした書類審査を通過するのは年々難しくなっており、例えば、「ＴＯＥＩＣ８００点以上」といった条件を満たしていない項目が１つでもあれば、この段階で落とされてしまうのだ。

こうしたデータの壁を突破するためにも、個々の転職希望者に合わせたサポート体制を整えている人材紹介会社を利用すべきだろう。現在は各紹介会社も膨大なデータベースを持っており、非常に手広い案件を紹介できるようになっている。信頼できるよい紹介会社に巡り合えれば、納得のいく転職にぐんと近づくことになる。

相談先の紹介会社を選ぶ基準は、前述した通り、とにかく「面倒見がよくて親切なところ」である。希望者の話をよく聞き、人生プランをしっかりと把握したうえで企業を紹介してくれる会社は、頼もしいパートナーとなるだろう。

さらに、先に「求人サイトへの登録は2社まで」と述べたが、紹介会社についてはそれより多い10社ほどに登録することをおすすめする。それでもその10社のうち、本当に面倒を見てくれるのは3社ほどだと思っておいたほうがいいだろう。

ここで重要なのは、第2章で述べた通り、人材紹介会社は本質的には求人企業のために人を探して報酬をもらっている、という点だ。転職希望者のために仕事を探してくれる存在ではないということを、頭に入れておく必要がある。

親身になって話を聞いてくれるのは、その紹介会社がそういう方針をとっているか、たまたま担当者が親切な人である場合に限る。だから、紹介会社があまり面倒を見てくれないという不満があっても、それが標準だと思ったほうがいい。転職希望者は紹介を依頼している立場である。紹介会社はクライアントの企業に頼まれたから転職希望者に声をかけるのであって、希望者に頼まれたから紹介先を探すのではないのだ。

最近は紹介会社のほうも、「あなたのために会社を探します」といったPRをしているところがあるが、それはいい候補者を集めるための戦略である。あくまでも転職を希望する本人が、自分のために、紹介会社を利用して仕事を探すという基本事項を忘れないでほしい。

やってはいけない⑤ 急成長している会社には近づくな

急成長している会社を避ける——これも転職先を探す際の重要な留意点だ。売上げを倍々ゲームで伸ばしているような会社は一見、羽振りがよさそうに見える。しかし、急成長したのであれば、急降下する可能性もある。一般論として、急成長企業は危険なので近づいてはいけない。

東京商工リサーチの調査によると、2018年に倒産した企業の平均寿命は23・9年で、前年より0・4年延びた。産業別の格差は拡大し、最も平均寿命が長かったのは製造業の33・9年、最も短かったのは金融・保険業の11・7年で、22年以上の開きがあった。18年に倒産した企業のうち、業歴30年以上の老舗企業の割合は32・7％、業歴10年未満の新興企業の割合は24・8％だった。日本には長寿企業が多いといわれるが、それでも多くの企業がわずか20年強で立ち行かなくなっている現実がある。

一時的なブームで成長を遂げても、いつの間にか業績が悪化しているという企業のケースは、数えきれないほど多い。売上げ低迷、投資の失敗や後継者不足など、その原因はさまざまだが、転職するのであれば、やはり長期にわたって業績が安定している企業を選ぶことが肝要だ。

例えば、さほど大きな規模でなくても、中途採用で50人も募集するような会社はたくさんある。そういう会社には注意を要する。無理して業績を伸ばしている場合が多いので、入った転職者は、あとで相当に苦労することになる。

経営者と従業員が一丸となって地道に努力して、少しずつ儲かっていくというのが、会社の正しいあり方なのだ。そこで少し欠員が出てしまったから、その分を補充しようという会社が、転職先としては一番よい。人さえたくさん入れれば儲かる、というような会社は最初からよくない。急成長している会社は、往々にして社員を大事にしない傾向がある。そんな会社では、社員は使い捨てにされてしまうのがオチだ。

やってはいけない❻ 余計なことは書くな

転職希望者は応募先企業に対し、基礎資料となる履歴書や職務経歴書を提出する。これが実際の転職活動の出発点となる。

履歴書は、住所、学歴、職歴から志望動機、趣味まで幅広く記入させて、転職者の特徴、基本情報や人となり、希望などを求人企業側が把握するためのものだ。一般的には、礼儀をわきまえて丁寧に書くことを心がけ、すべての項目にきちんと記入するといった鉄則を踏まえて作成する。

一方の職務経歴書は文字通り、やってきた仕事の内容を細かく記入させて、企業が求める実務能力や意欲、転職目的を求人企業側が把握するためのものである。応募先企業のニーズや特徴を理解したうえで、自分が活かせる経験やＰＲポイントを、具体的かつわかりやすく記入することが重要となる。

これらの書類は、あくまでも簡潔でポジティブな内容にすること。余計なことをたくさん書くと、逆効果になることがある。

履歴書や職務経歴書を作成、提出する際の要点について、以下、順を追って説明しよう。

第一に「余計なことを書かない」ようにしなければならない。業務に結びつかないような趣味や特技などは、企業側が重視することはないので書く必要はない。

次に「決して嘘を書かない」ことだ。不利になるような事実があっても、正直に書いたために信頼を得て、転職に成功したケースもある。

「単純明快に書く」ことも重要だ。長々と説明するのではなく、自分ができることについて、相手にすぐにわかるように書くことだ。

一方で「自慢話は書かない」こと。社長賞をとったとか、いくら売り上げたといったことは、一切書いてはならない。採用側は、勤めた会社と仕事内容を見れば、その人がやれることはわかるものだ。

「安易に自分の希望を書かない」ことにも留意したい。例えば勤務地や所属先などの希望を書いても、それらは会社側が決めるべき事項でもあるので、かなえられない場合がある。

学歴、職歴、家族構成などははっきりと書くべきだが、趣味や特技は書かないほうがいい。たとえ高校野球で甲子園に出たことがあったとしても、仕事には関係のない領域なので、書いてもプラスにはならない。

資格については、宅建、英検1級のような業務上有益なものは書いてもよい。TOEICであれば800点以上なら書いても可。難易度の低い資格は、書いてもあまり意味がないといえる。

学歴については、出身高校名もしっかり書くこと。採用側は大学だけではなく、けっこう高校にも注目しているものだ。また、扶養家族がいれば、書いておいたほうがいい。とりわけ経理や財務関係の仕事は、結婚して子どもがいる人のほうが、受けがいい場合がある。


転職者を迎え入れようとする採用側企業は、年齢と転職回数を相当に考慮するものだ。特に何度も転職してきた人は、急成長している会社や、募集を繰り返しているような会社以外は、残念ながらなかなか書類審査を突破できないのが現実だ。

これまで繰り返し述べてきたように、各企業ともに採用業務のデータベース化を進めている。書類審査で学歴や資格、年齢、転職回数などの条件に満たない希望者をあっさり振り落とすのだ。

そんな高度情報化社会では、嘘をいっても、いずれバレると思ったほうがよい。履歴書や職務経歴書についても、正直に、公明正大に記入しなければならない。転職回数を減らそうとして、かつて所属していた会社を１社でも省いてしまえば、経歴詐称となる。そうなれば、採用されても、後に契約違反を理由に解雇される可能性さえある。

何か持病があった場合も、相手企業にきちんと教えておく必要がある。企業は健康に関わる情報には非常に敏感なので、採用面で不利になってしまう可能性もあるが、あくまでも嘘をついてはいけない。持病があっても採用する会社を、人材紹介会社と一緒になって探すべきだろう。

転職活動で嘘をつくことは厳禁だが、これは「正直にいえば差別はされない」という原則の裏返しでもある。私が関わったケースでは、前の会社でのトラブルを正直に告白したことで、かえって気に入られて採用されたというのがある。１度の失敗程度で諦める必要はないのだ。

転職の前提となる退職の形式は、その理由によって「会社都合退職」と「自己都合退職」に大別される。

会社都合退職とは、会社側が業績悪化やリストラ、倒産、事業所の廃止、パワハラなどを理由に、労働者の意思に反して一方的に労働契約を解除し、労働者に退職を余儀なくさせることを指す。早期退職制度を利用した退職や、通常の解雇も含まれる。

一方の自己都合退職とは、転職や結婚、妊娠、出産、引っ越し、家庭の都合などを理由に、労働者が自らの意思、事情、判断で退職することを指す。定年退職は会社都合、自己都合のどちらの退職にも含まれない。

私の経験からいえば、採用側は、その理由がはっきりしている限り、退職の形式が会社都合だろうが、自己都合だろうが、あまり気にしないものだ。ただし、会社都合の場合、相手は必ず理由を聞いてくる。懲戒免職のようなケースであれば、どうしても不利になる。また、自己都合であっても、不倫や女性問題を理由に前職を辞めた場合には、採用側の腰が引けてしまうのは仕方がないところだろう。どの企業も、トラブルの種になるような人物を積極的に採用したがらないからだ。

やってはいけない⑦ 面接ではしゃべりすぎるな

一般的に、面接は自己紹介や自己ＰＲからはじまって、求人企業側の面接者による質問へと移行する。質問内容は、転職理由、志望動機、前職での経験、実績、スキル、将来のキャリア構想、相手企業に対する印象、入社後にやりたいことなどだ。

相手企業は第一に「当社で長く活躍してくれるか」といった点を中心に聞いてくるので、自分が相手企業やその事業に高い関心を持ち、そこで力を存分に発揮したいという意欲や展望、さらには自分ができることについて、具体的かつ簡潔に話す必要があるとされる。

私の経験からいえば、面接で重要なのは「しゃべりすぎない」ことだ。実は、自分の熱意を伝えたいあまり、あれこれしゃべりすぎて面接に落ちる人が結構多いのだ。

それを踏まえたうえで、「相手企業の好きそうなキーワードを意識して話す」ことが重要だ。例えば、私が長年お世話になったソニーでは「自由闊達《かったつ》」が社風であり、キーワードだった。そうした言葉をうまく使いながら話を進めると、相手は非常に喜ぶものだ。

そのためにも、事前に相手企業のホームページなどをじっくり閲覧し、勉強しておかなければならない。キーワードなどは、社長の挨拶文を読めば出てくることが多い。その会社の商品やサービスが利用できるのであれば実際に自分で使ってみたり、会社の近くまで行って社員の様子や雰囲気を知るのもいいだろう。

一方で、面接でいってはいけないのは、「同僚との関係がよくなかった」「上司との折り合いが悪かった」といった、前の会社での人間関係にまつわるネガティブな退職理由だ。これは、協調性に問題があると見なされてしまう恐れがある。

面接当日は身だしなみをきちんと整え、遅刻は厳禁だ。最近は連絡せずに面接をドタキャンする人が増えているが、これは絶対にNGである。1度でもやってしまえば、人材紹介会社のブラックリストに確実に載ってしまう。たとえ理由があっても、キャンセルすること自体、印象はよくない。当然のことだが、社会人としての常識をわきまえて面接に臨むべきだ。

服装は、必ずしもリクルートスーツの類を着用する必要はなく、清潔であればよい。無精ひげを生やしたり、髪がぼさぼさであったりというのは印象がよくない。会社の一員となり、団体行動をとるわけだから、外見もあくまでも常識を超えないようにすべきである。

面接には控えめな態度で臨み、謙虚になることも大切だ。自分の功績をひけらかすような人物は、転職市場では成功しない。「多言」は禁物である。

求人の条件については、柔軟に対応できるようにしておこう。例えば、会社側は求人時には営業部長を探していたとしても、入社後に管理部長などの別のポストを与えることもある。あまりにも最初の話と違ったり、自分の意に沿わなかったりすれば別だが、基本的には、自分のなかで細かい条件をつけずに面接に臨むほうがよい。

ただし、法的には求人元と転職希望者の関係は対等である。求人元の会社をしっかりと知り、転職を決断する判断材料にしたいというなら、そう伝えて業績や社風などについて率直に質問を投げかけることは、悪いことではない。

そして面接の際には、くれぐれも相手の「誘導尋問」に引っかからないように注意してほしい。例えば、「前の会社では、人間関係はうまくいっていましたか?」「上司はどんな方でしたか?」といった調子で、探りを入れるように聞いてくることがあるからだ。

そのときも、「いやあ、ひどい上司でした」などと答えてはならない。「よく教育していただいて、非常に楽しくやっていたのですが、私も力の振るいようがなくなりまして。もう少し仕事で冒険してみたいと考えたのです」といった感じで答えておこう。

企業側は、候補者の「御社で自分を成長させたい」という答えを最も好む。加えて、「ホームページを見せていただいたら、非常に興味深い事業を展開していることがわかりました。大変やりがいのある仕事だと思いますので、ぜひ挑戦してみたいです」と持ち上げられれば完璧だ。

その後、「では、この会社に入ってくれますか?」と聞いてきた場合、たとえ入社を断ろうと思っていても、「それはもうお話があれば」などと答えておくのだ。

面接では最後に「何か質問がありますか？」と聞かれることがある。しかし、これこそが最も危険な「誘導尋問」だ。このように聞かれても「余計なことをしゃべらない」ことを意識し、「特にありません」と笑顔で答えるのが「模範解答」である。

ここで、「ノルマはありますか」「残業時間はどれくらいですか」などといったことを質問したとする。しかし一般的な会社なら、無茶苦茶なノルマや体を壊すほどの残業をさせないよう、当然配慮しているものだ。そのため、こちらは参考程度に聞こうと思っても、企業側には「疑り深い人」だと思われかねない。

企業側は、「この人と信頼関係を築けるか」ということを見極めたくて、面接をおこなっている。余計な質問をしてしまい「この人とは信頼関係を築くのは難しそうだ」と思われてしまえば、残念ながら採用に至ることはないだろう。

転職者の採用手続きや面接は、適任者を探している当該の職種、事業に関係する担当幹部が中心となって進めることが多い。その候補者を採用することによって、実績的にプラスになったり、マイナスになったりする人々だ。一方で、役員や人事部長が、企業側の代表者として採用活動を先導する場合もある。

人事部が中心になる場合は、安全で辞めない候補者を採用する傾向がある。人事部が最も避けたいと考えている事態とは、せっかく採用した転職者にすぐに辞められることだ。それゆえに、仕事の出来、不出来ではなく、できるだけ長く勤めてくれる人物を選ぼうとする。

転職活動では、候補者のほうが内定を辞退する場面もあり得る。エン・ジャパンが転職活動で面接を受けたことがある約９０００人を対象に調査したところ、27％の人が内定を辞退した経験があると答えた。辞退の理由については、「応募後に再考し、希望と異なると判断した」との答えが最高の40％となり、次いで「他社で選考が進んだ・内定を得た」の35％、「ネット上でよくない評判や噂を知った」の26％の順となった。

実際に内定を辞退する際には、人材紹介会社を通していれば、そこに連絡して断ってもらえばよい。「自分には合っていないと思うので辞退させていただきたい。理由はそちらで考えてください」と伝えれば大丈夫だ。

人材紹介会社を通した求人でない場合には、相手企業に対し、「改めて考えましたが、自信がありません」「申し訳ございませんが、ご期待に沿えないかと思います」などと答えておくことだ。職業選択の自由の原則があるわけだから、相手企業はそれ以上、口説いてくることはない。

やってはいけない❽
迷ったら転職するな

転職は文字通り、自分のキャリアや人生の大きな転機となる。それゆえに、家族や親しい友人などに相談して、悩みながら決断するという人も少なくない。だが、転職するときは原則、専門家以外の人に相談してはならないというのが私の意見だ。新卒の学生であれば親や先生に相談してもよいが、そうでなければ自分で考え、自分で決めるしかない。それを基本方針として、各種の相談窓口を活用することをおすすめしたい。

会社勤めをしている人向けに転職を指南する会社やコンサルタント、転職サイトが多数存在するので、その活用をまずは考えるといいだろう。また、会社の人事部でも、定年前に一定の年齢に達したことにより管理職から外れる「役職定年」を迎えた社員などに対し、転職先を見つけるための相談を受け付けている。

特に、労務行政研究所が民間企業440社を対象におこなった調査によると、役職定年制は2018年の時点で約3割の企業が導入している。収入減に直面して転職を考える50代は数多くいるはずだから、人事部などを通して新たな職場を探すというニーズはかなりあるはずだ。

ただし、転職サイトや人事部は、あくまでも履歴書の書き方や面接のコツといった一般論を教える機能しかなく、なかなか首尾よく転職先候補を見つけることはできない。そこでおすすめするのが、膨大な企業データを持つ人材紹介会社をサポーター役としてフル活用することだ。人材紹介会社でもキャリアコンサルティングを提供しており、キャリアや適性に関する客観的なアドバイスや、プロフィールや希望に基づく求人情報を無料で提供してもらうことができる。ただし、職業安定法に基づく規制もあり、「自分はどういう仕事を選べばいいのかわからない。いくらでもお金を出すから相談に乗ってほしい」といった転職希望者からのリクエストには応えていないので注意してほしい。

このように、転職活動を支援してくれる機関やサービスがいくつかあるが、転職希望者自身が明確な目的を持っていなければ、いくら情報提供やアドバイスを受けても、納得のいく転職先は簡単には見つからない。「そのうち何とかなるだろう」という考えでは成果は得られないのだ。

ここで強調したいのは、「転職を安易に考えない」ということだ。転職先がなかなか見つからずに悩むようなら、転職をスパッとあきらめる。それも選択肢の1つだ。そう考えて、転職活動をしつつも、今の仕事をしっかりとこなすというように、今勤めている会社との関係は大切にしてほしい。

やってはいけない❾ 次が決まるまで退職するな

リクナビNEXTが2017年1〜6月までに新規登録した会員データを年代別に集計したところ、20代では76%が「転職経験なし」と回答したという。30代になるとこの「転職経験なし」の割合は一気に47%まで減少し、半分以上の人が転職を経験したと回答した。30代では4人に1人は「転職1回」、約3割が「2回以上の転職」を経験しているという結果となった。

また、日経キャリアNETが3年前、会員に向けに転職意識や希望企業、転職ツールなどに関するアンケート調査をおこなったところ、回答を得た535人のうち、8割が過去に転職を経験したと答えたという。全体では「転職経験なし」は20%で、約半数が1〜3

回経験し、25%が4回以上の経験者だった。年代が上がるにつれて転職回数が増え、40代では半数以上が3回以上の転職を経験しており、23%が5回以上の転職を経験していると答えた。

このように、今や転職は当たり前の状況になっているわけだが、前述した通り、企業側から見れば、転職回数があまりに多いと採用を躊躇《ちゅうちょ》してしまいがちなのが実情だ。

転職希望者の心得として大切なのは、まずは「あせらない」ことである。

特に、転職先が決まる前に会社を辞めてしまうと、どうしてもあせりが出て、条件があまりよくなくても転職を決めてしまうことがある。今の会社に籍を置きつつ、ひそかに転職活動を進めるのが正しいやり方だ。

今の仕事を続けつつ、無数の会社のなかから転職先を探すのは大変なことだ。そこで、人材紹介会社をいくつか選んで登録し、いい案件があればメールなどで連絡してもらうことをおすすめする。つまり、転職活動を人材紹介会社に代行してもらうのだ。

ちなみに紹介会社からの連絡方法は、基本的にメールとなる。その際、自分の連絡先は、在籍している会社の社用メールではなく、プライベートで使用しているメールアドレスにしなくてはならない。なかには、無防備に社用メールで連絡してくる人がいるが、自分が転職活動をしていることが会社にバレてしまう可能性があるうえ、採用条件など企業側の機密保持に抵触する可能性もあるので、絶対に避けるべきである。

企業側は、内定を出してからおおむね1カ月以内に入社することを望むケースが多い。3カ月以上かかる人は、採用されないと思っておいたほうがいい。ただし、転職希望者が現在の会社に在籍しながら転職先を探す期間は、人によってさまざまだ。なかには5〜10年も探し続けている人もいるが、たいていは活動開始から3〜6カ月で入社が決まると考えていい。

憲法は職業選択の自由を保障しており、労働者はいつでも辞める権利がある。会社はいつでも辞められるのだから、今の仕事をきちんと継続しつつ、自分の条件に合った会社をじっくりと探すのが肝要だが、その条件に拘泥《こうでい》してもいけない。家族に関することなど絶対に譲れない条件以外は、柔軟に構えることも大切だ。収入や仕事内容に多少の不満があっても、妥協することも必要となる。

そして、辞めると決めた以上は、一気呵成《かせい》に手続きを進めて、次の会社のために邁進《まいしん》する。辞めると告げてからは、慰留《いりゅう》されても撤回してはいけない。通知を紙でもらってしまえば、内定が取り消されることはまずない。慰留されたからといって会社に残ってしまうと、「あいつは一度辞めるといった人間だ」というレッテルが、最後までついてまわることになる。

転職を決めて、会社に退社の旨を通知したら、あとは「立つ鳥跡を濁さず」である。きちんと引き継ぎをして、後に道で会ったら挨拶ができるぐらいの関係は必ずつくっておいてほしい。あくまでもお互いに恨みを残さず、円満に退社するようにしたい。

退職時期については、民法の「当事者が雇用の期間を定めなかったときは、各当事者は、いつでも解約の申入れをすることができる。この場合において、雇用は、解約の申入れの日から2週間を経過することによって終了する」という規定が1つの目安になる。通常、正社員などの期間の定めのない雇用契約の場合には、2週間前までに退職届を提出すれば退職できる。

ところが、多くの会社は、就業規則で「1～3カ月前までに退職を申し入れること」といった規定を設けている。この場合でも、雇用契約や就業規則よりも法律が優先されるため、2週間前までの通知で退職は可能なのだが、会社のほうも仕事の引き継ぎや人員補充のための時間を必要とする。円満退社するためにも、1カ月以上前に退職願を出しておくべきだろう。

やってはいけない⑩ 転職前の会社の話はするな

滞りなく退社にこぎつけると、いよいよ新しいキャリアのスタートとなる。次に、転職先に入社後の留意点について説明していきたい。

転職先でまず気をつけなければいけないのは、「ビックリするな」ということだ。入ってみれば気づくだろうが、新しい会社は予想とはまったく違うことだらけだ。例えばホームページに書かれていたような社風、社是、社内の雰囲気といったものが、実際の印象と異なるというのは極めて普通のことである。入社してみないとわからないことは、ことのほか多いと考えたほうがよい。

入社後に犯してしまいがちな過ちは、「転職前の会社の話をする」ことだ。「前の会社ではこうだった」と吹聴《ふいちょう》する類のいわゆる〝出羽守《でわのかみ》〟になってしまうと、決して仲間として受け入れられない。

私は以前、有名な大手電機メーカーの経理畑の管理部長をやっていた男性を、ある会社に紹介したことがある。この人は半年ももたなかった。やはり出羽守になってしまったからだ。

この人は、新しい会社の人たちに「有名な会社の部長だなんてすごいですね。あの会社ではどうやっていたのですか？」などとおだてられて、「前の会社ではこういうふうにやっていた。だからそのようにやれ」と調子に乗って指示を出し続けた。だが、部下たちはどうしてもその通りにできない。間もなくその人は、社内で浮いた存在になってしまった。

この男性は再び私のところにやってくると、「対応を間違えてしまいました。あの会社は私には合いません。会社のほうもそういっています。次は絶対にうまくやりますから、もう一度紹介していただけないでしょうか」と相談してきた。そこで彼に適していると思われる、ある上場企業の求人案件が見つかったので紹介した。今度の転職先では非常に評判がよく、結果として役員にまで上り詰めた。

このとき彼が心がけたのは、会社や部下たちを褒めそやすことだった。「すごい、すごい、よくやっているね」と繰り返し励ました。すると逆に部下のほうから「とんでもないです。以前の会社ではどうやっていたのですか？」などと尋ねてくるようになる。それでも彼は「あの会社なんてたいしたことないよ」と謙虚さを貫き、社内での人気を高めることなったのだ。

この例からもわかる通り、どの組織であっても、やはり生え抜きの立場のほうが上なのだ。どれだけ請われて入社したとしても、〝外様《とざま》〟であることには違いない。そのことを自覚しつつ、自慢になりがちな前の会社の話は控えめにして、新しい会社にとことん馴染むようにしたほうがよい。下手に出ながら人一倍働き、さらには長く在籍し続けて、信頼を獲得するのが一番である。

やってはいけない⓫ 入った会社は辞めるな

これまでにも述べてきたように、転職の回数は多ければ多いほど、転職市場では不利になる。

私が考える最大回数は、20代、30代、40代、50代にそれぞれ1回ずつ、計4回である。やむを得ずそれ以上の転職を考える場合は、語学や資格といった特殊技能を身につける必要があるだろう。

まず大原則をいえば、一度入った会社には、できるだけ長く勤めるべきである。最低3

～5年は在籍して、その会社に貢献するとともに、自らを成長させるのだ。

人材紹介会社を通して転職した場合、1年以内に辞めるとその会社にすぐに知られてしまう。通常、紹介先企業を1年以内に退職したら、仲介料を返金するという規定があるからだ。そうなると、転職希望者と人材紹介会社との信頼関係の問題にもなり、新たな仲介を受けることは非常に困難になる。それゆえに、転職活動は慎重に進めていくことが非常に重要なのだ。


出戻り入社についてはすでに触れたが、たとえ自分の会社にそのような制度があるからといって、安易に辞めようとは考えないことだ。

再雇用は今や定着し、企業側、被雇用者側ともに抵抗感が小さいように見える。実際、エン・ジャパンが2018年に実施した再雇用に関するアンケート調査によると、「一度退職した元社員を出戻り社員として再雇用したことがある」と答えた企業は、全体の72%に上り、2年前の16年の調査から5ポイント増加したという。

だが、出戻り社員は、何かと気をつかわなければならない面がある。

すでに触れたが、実は私自身が出戻りを経験して、苦い思いをしている。同僚の前で口グセのように「お前は一度辞めた人間だろう」といってきた人もいた。なかば冗談だったのかもしれないが、やはりあまり気持ちのいいものではなかった。

「一度辞めた」という事実はどうしてもついてまわる。やはり「一度入った会社には、できるだけ長く勤め、決して出戻らない」という原則は、動かしようがないのだ。

転職活動に必要な「危機管理」と「機会管理」

転職の極意とは、「危機管理」と「機会管理」にこそ秘められている。

危機管理において最初にやらなければいけないのは、「二次災害の防止」だ。何か事件・事故が起きると、人は「今、起きていること」の中身を知ろうとするものだが、転職を考えるうえでは、それは実はさほど重要ではない。新しい会社の業績が悪化したとか、家族の協力を得られないとか、自分が病気になるといった問題、つまり転職をすませたあとの「二次災害」を極力防止することが重要なのだ。

「転職したことで家族に迷惑をかけないか」「入ろうと思っている会社で自分は本当に活躍できるのか」「新しい会社の将来性は本当にあるのか」といった課題や懸念を払拭する

ためにも、普段から家族と意思の疎通を図りながら、候補企業のリサーチをしっかりやる必要がある。とにかく、転職に至った経緯を十分に踏まえて、もう一度転職しなければならないような事態をゆめゆめ招かないようにしなければならない。

同時に、今いる会社では、自分の職務に抜かりなく取り組みつつ、辞めても周囲に迷惑がかからないような環境をつくってから、タイミングを見てスムーズに転職するのが理想だ。

一方の機会（チャンス）の管理についてはどうか。盛田昭夫さんは常々、「チャンスが来たら、ためらわずにつかめ」と話していた。これは、再びチャンスが来るように手を打て、ということでもある。小さくても大きくても、目の前にチャンスが来たらものにするべきなのだ。

転職でも同じことがいえる。本当にいい話が舞い込んできたのであれば、思い切ってそれに乗ることも必要だ。チャンスを逃さないということは、「あのチャンスをつかんでおけばよかった」と後悔しないということでもある。

例えば、自分が活躍できそうな会社への転職の話が進んでいるとき、別のよさそうな会社からのオファーが来ても、すでに話が進行している最初の会社のほうを選ぶべきなのだ。

私の経験からいっても、あとから来たチャンスのほうが大きかったというケースは非常に少ない。逆に最初のチャンスをつかみ損ねて後悔することがよくある。

そもそも、チャンスというものは、そうそう頻繁に訪れるものではない。相手企業の出している条件が受け入れ可能なのであれば、そこに決めたほうが得策だ。この厳しい経済情勢のなかでは、引く手あまたでいくつも内定を取れるような新卒とは違い、年齢の壁も大きく立ちはだかる。今の会社を去るにあたっての危機管理を徹底しながら、来たチャンスをまずつかんでしまうべきである。

その際、決断するのはあくまでも自分だということにも、留意しておきたい。企業という相手に合わせるのではなく、自らのキャリアを長い目で見て、どういった戦略でそれを伸ばしていくかを考えて決断を下す。それが転職というものだ。

転職を急ぐ人への処方箋

右肩上がりの成長の時代をとっくに終えた日本では、能動的に転職先を探すのではなく、「転職せざるを得なくなった」人も数多く存在する。会社が倒産したり、早期退職を含めたリストラの対象になったりした場合だ。

東京商工リサーチの調査によると、日本経済のいわゆる「失われた30年」にほぼ符合する1989年1月から昨年までの平成30年間に発生した上場企業の倒産は、累計で233件あり、負債合計は22兆円弱だった。年間の倒産件数が最多だったのはリーマン・ショックがあった2008年の33件。次いで、不良債権処理が進んだ2002年の29件、リーマン・ショックの翌2009年の20件の順となった。

また、2019年に希望・早期退職者を募集した上場企業は、5月13日現在ですでに16社に達し、5カ月余りで前年1年間の12社を上回った。

こうした経営環境の悪化に関する理由だけではない。労働者個人の人間関係のトラブルがあって、どうしても会社にいられなくなることだってある。

こうした場合は、転職に向けて即座に動き出さなければならない。「今の仕事が片づくまでは頑張ろう」「リストラに遭っても退職金があるからしばらくは大丈夫だろう」などと鷹揚《おうよう》に構えている場合ではない。可及的速やかに、転職活動をスタートさせてほしい。

このように差し迫った事情があって転職を急がなければならない人が留意すべき点とは

何か。

まず、緊急度に応じて、「いつまでに就職しなければならないか」という目標の期間を設定することだ。通常、納得のいく転職を実現するためには、決断してから最短で3カ月間、長くて1～2年は費やさないと、自分の条件に沿った最適の紹介案件には巡り合わない。では、3カ月以内に決めなければならないとき、どうすればよいだろうか。

その場合は、とにかく収入面を含めて、よりフレキシブルに条件を設定する必要がある。応募対象の企業、業種、職種、会社の規模、安定度、勤務地など、いずれの条件にも幅を持たせて構えることが肝心だ。

ただし、勤務地については、少し事情が違う。病気の母親と同居しているとか、子どもの学校のことがあるというように、フレキシブルにできない固有の事情がある場合には、それを前提に転職先を探すことになる。

このように、いくら非常事態だといっても、譲れない条件はあるものだ。しかし、それが少なければ少ないほど、転職の成功率は高まる。

私たちが担当している転職希望者は、現職を持ちながら長い時間をかけて転職先を探している人がほとんどだ。先にも述べたが、転職活動にあせりは禁物であり、本当は時間をかけたほうがいいに決まっている。

しかし「うちの会社は危ない」と不安を感じているのであれば、人材紹介会社に相談するなどして、少しずつでも転職への準備を進めていったほうが賢明だ。転職活動では、当然ながら準備期間が長ければ長いほど、数多くの案件に巡り合う可能性が高まるからだ。

最近では、すぐに転職する気はなくても、いい会社があったら移ろう、と考えて人材紹介会社に登録する人も増えている。そして、本当に「これはいい」と思える会社の紹介が来たら、チャンス到来と見てその案件に飛びつく、という姿勢でいる。

慎重かつ大胆に――それも転職の極意の1つなのだ。

第5章

人生をおもしろくする働き方の極意

後悔しないキャリアをつくる

転職して成功する人は半分以下!?

ここまで、転職市場の現状や、うまくいく転職の秘訣について述べてきた。しかし私の持論は、「転職はできればしないほうがいい」ということだ。

人材紹介会社を経営しておきながら、また自分で3回も転職しておきながら、こんなことをいうのは矛盾していると思われるだろうが、自分の経験や多くの転職経験者を見てきて、そう確信している。

なぜならば「転職はリスク」だからだ。

私の感覚では、転職して成功する確率は2分の1以下である。転職というのはその人にとって「未知の世界」に入ることだ。新しい環境には必ず新しい人がいて、新しいやり方がある。その人たちとうまくやれるかどうか、新しい方法にうまく慣れるかどうか、それは入ってみてからでないとわからない。

ならば、今いる会社でやっていけているのだったら、そのままその会社にいたほうが、リスクが少ないのは当然だ。知らないところでサバイバルするよりも、知っているところでサバイバルするほうが、はるかに生き残れる可能性は高い。

小さな会社や斜陽産業から大きな安定企業に転職する場合は、会社の倒産リスクは減るので、その点は安泰かもしれない。しかし、そこで成功できるかどうかは誰にもわからない。だから私は、やはり転職で成功する人は半分以下だと思っている。

ちなみに、「成功」とは何も出世のことだけではない。自分のやりたい仕事、自分の人生を捧げてもいい仕事にそこで出会えるかどうかが重要だ。

前にも述べたように、私自身は3回転職している。伊藤忠商事から当時小さな町工場だったソニーに移った最初の転職は成功だったと思う。モノづくりをして海外貿易をすることが私の希望だったからだ。その後の外資系企業への2度目の転職は失敗、ソニーに出戻り入社した3度目の転職は失敗に近い。つまり、3分の2は失敗だったということだ。

会社は入ってみないとわからない

「転職はリスク」というと、転職先を選ぶときに「徹底的に企業研究をすればいいのではないか」と思うかもしれない。

しかし、やはり会社は外から見て研究するだけではダメで、本当のところは実際に入ってみないとわからないものだ。

私が最初に転職したとき、ソニーのようにラジオをつくっている会社は日本に200社以上あった。それが20年後にはわずか2社しか残っていなかった。つまり、99％の会社は倒産や廃業などで消滅しているのだ。これは私が将来性のある会社を見抜く力に長けていたわけではなく、まったくの偶然、奇跡である。そもそも20代前半の私がそんなことを見抜けるわけがない。

それに今から振り返ってみても、当時のソニーはかなりいい加減な会社だった。後に産業界や経済界に多大な功績を残した2人の創業者、井深大さんと盛田昭夫さんらが面接官で、ほとんど彼らが雑談しているだけの面接だった。聞かれたことといえば「最近何かおもしろいことはありましたか？」というようなどうでもいい話だったから、おそらくそれまで面接などしたことがなかったのではないか。

考えてみれば、私がソニー以外の電機メーカーに転職する可能性だって大いにあった。消滅してしまった99％の会社に入っていたかもしれず、やはり転職は危険を冒すもの、冒険のようなものだと思って間違いない。

若者が３年で辞める理由

会社は入ってみないとわからない。そのため、入ってから「雇用のミスマッチ」に気づくこともある。

大卒の新入社員の３割が入社３年以内に離職することはすでに述べた。よほど「ブラック」な職場なのだろうと思われるかもしれないが、大学生の「就職したい企業ランキング」の上位に入る「ホワイト」に見える人気企業でさえそうだという。

なぜ若者は３年で辞めるのか？　就職するときの「物差し」が間違っているから、というのが私の考えだ。人材紹介業という仕事柄、就職や転職に関するさまざまな相談を受けるのだが、大学生の多くは、自分に向いているかどうかということではなく、その会社が有名だとか、給料がいいとか、親が喜ぶからとか、そういったことで会社を選びがちなのだ。

あるとき、さる優秀な学生にどの企業を受けるのかと聞いたら、「○○航空と○○電機と○○製薬を受ける」といわれて驚いたことがあった。また、知り合いから「娘が○○銀行と大手外資系コンピュータ会社に受かったが、どちらに行けばいいか」と相談されたこともある。業界も仕事内容もまったく違うではないか。サービス業に向いている人、メーカーに向いている人、みんなそれぞれ違うはずだ。

このように会社を知名度や給料で選んだ学生は、入社してすぐに「自分には向いていない」と気づく。これが「雇用のミスマッチ」である。その原因は「新卒一括採用」にあると私は考えている。

新卒一括採用とは、企業が高校、大学を卒業予定の学生、すなわち「新卒者」を対象に在学中に採用試験をおこなって内定を出し、卒業後すぐに勤務させるという日本独特の雇用スタイルである。だが、この採用システムは企業にとって非常に生産性が低い。

まず入社予定の1年以上前から企業説明会や面接、選考、内定、内定者フォローなどの採用活動をおこなわなくてはならない。当然、お金も時間も手間もかかる。内定を出したら出したで、大企業でも内定者の半数に辞退されることもあるという。

日本の一般的な高校や大学は職業教育を一切おこなわないので、入社したら今度は新卒者に研修を受けさせなくてはならない。さらに研修を終えたとしても、配属された部署では新人は2~3年のあいだは使い物にならないというのが現場の一致した見解だ。つまり、お金や時間や手間をかけて、即戦力という意味ではほとんど役に立たない人材を採用するという皮肉な結果になっている。

企業側もこの新卒一括採用の弊害を感じており、経団連は大手企業の採用面接の解禁日などを定めた指針を２０２１年春入社の学生から廃止すると発表している。これは解禁日ルールの廃止であって、新卒一括採用自体の廃止ではないが、これをきっかけに制度そのものを見直す動きが一気に広がるのではないかと私は見ている。

ちなみに、人材が流出していく分、補填しなくてはならないと考えた企業が目をつけたのが前にも触れた第二新卒、つまり一度新卒で就職したものの１～３年のうちに離職する人たちだ。

第二新卒なら最初に入った会社で社会人としての訓練も心構えもできている。卒業して３年以上経っている場合でも、20代ならば伸びしろがある。また、30代ならば実績と伸びしろの両方が期待できる。そのため転職市場では、こうした若者を採用しようという動きが活発になっているというわけだ。

企業側の「辞めさせない」仕組み

もちろん企業側でも、採用方法を見直すと同時に、人材流出に対しての対策も講じはじめている。最近注目されているのが「従業員エンゲージメント」とか「社内エンゲージメント」と呼ばれる取り組みだ。

「エンゲージメント」はもともとマーケティング用語で、企業と顧客との信頼関係を高め購買につなげる施策のことである。それが人事や組織開発の分野でも「企業と従業員の関係性づくり」という意味で使われるようになってきた。社員に長く働いてもらうにはお金以外の結びつきが必要であるという考え方だ。

具体的には、社内イベントを開催して会社のなかのコミュニケーションをよくするとか、透明性のある人事評価をおこなうとか、仕事の裁量をできるだけ自由にするなどして従業員のモチベーションを高めるといったことがなされている。

しかし、私はこのような取り組みはあまり効果がないと考えている。いくら職場の環境を改善しても、そもそもその仕事に向いていないのだから、「この仕事をこれから10年続けられるのか」と考えたとき、辞める人は辞めるものだ。

コストをかけて採用した人が短期間で辞めてしまい、またコストをかけて採用するのは確かに生産性が低い。だが、向いていない人に仕事をさせることのほうが、会社にとってはよほど生産性が低いのではないだろうか。

先に「転職はできるだけしないほうがいい」と述べた。しかし20代、特に新卒は自分のことも世の中のこともよく知らずに就職するわけだから、選択を間違うこともあるだろう。本来ならば入った会社で勤め上げるのが一番いいが、絶対にダメだと思ったら我慢せずに転職すればいい。

「二度と辞めない」転職を目指す

第1章で「転職は病気に似ている」と述べたが、だからこそ、私たちのような人材紹介会社の存在意義があるといえる。

私たちの会社では求人側の会社をよく見て、転職希望者をよく見たうえでマッチングする。その人のキャリアプランに基づき、それに合った仕事ならクライアントの企業に紹介する。そのマッチングがうまくいかないと、なかなか転職先を紹介できないこともある。

なぜかというと、転職してすぐに辞められてしまうと、クライアント企業に迷惑をかけてしまうことはもちろん、仲介した人材紹介会社の信用がなくなるからである。

そのくらい慎重に事を進めているため、私たちが紹介して転職した人ですぐに辞める人は非常に少ないのだが、それでもゼロではない。転職したものの短期間で辞めてしまうというケースで、転職者の問題というよりは会社側の問題であるものには、こんなケースがあった。

私たちのクライアントに、すぐに感情的になって大声で怒鳴る役員がいる会社があった。私たちが会社訪問したときにも電話の相手に怒鳴る声が隣の部屋から聞こえてきて、「これは我が社に登録している転職希望者を紹介するのは難しいな」と思っていた。

ところが、「私は大丈夫です」と私たちの反対を押し切って、その会社に転職を決めた人がいた。しかし、「やっぱりダメでした」といってすぐに退職してしまった。

私たちの若い頃は怒鳴る上司などザラにいたが、今はこういうのは流行らない。流行らないどころかパワーハラスメントに当たる。

あとは経理畑の人で、「粉飾決算の片棒を担ぐのが嫌だ」と辞めてしまった人もいた。

粉飾決算とは不正な会計処理をおこない、虚偽の財務諸表を作成し、収支を偽装することである。中小企業では税金を払いたくないために黒字を赤字に見せるケースもあるが、赤字決算であることは株主や借入先の金融機関に対して信用不安を招くため、大企業では赤字を黒字に見せる粉飾決算が一般的である。

その人はある有名企業の子会社に転職したが、「この期の決算までは私がやりますが、今後この会社の決算に私の名前が出るのは耐えられません」といって辞めていった。

もちろん粉飾決算は許されることではない。ただ、これも企業に対して事前に「オタクでは粉飾決算をやっていますか？」と聞くわけにもいかず、やはり会社は入ってみないとわからないと思う所以《ゆえん》である。

私の会社を通して転職したケースではないが、転職したものの３カ月くらいで会社から戦力外通告されたと相談にやって来た人もいた。

話を聞いてみると、前職が経理部長で次の会社でも経理の管理職に迎えられたが、いざ入社してみたら現場の人が何もできない。そこで自分が現場の人たちを指導しなくてはならなくなったが、その人は経理の「管理」はできても「実務」ができなかった。会計ソフトの使い方もわからないので、指導もできず、そうしているうちに会社からダメ管理職の烙印《らくいん》を押され、リストラ寸前なのだという。

面接では「経理の管理ができます」と伝えていたそうだが、会社側はある程度の実務はできると思っていたのだろう。この場合はどちらが悪いともいえず、これもやはり会社は入ってみないとわからないと思うケースである。

ほかにも私の知人で、転職して通勤時間が片道2時間になってしまい、頑張ろうと思ったが、やはり挫折してしまった人もいる。通勤時間が長いことは会社に入る前からわかっていたことではあるが、その負担の大きさは実際に毎日通勤してみないとわからなかったのだろう。

しかし、転職するからには、「これを最後の転職にする」という決意で臨むことが大切だ。チャンスをつかむことも大切だが、だからといって見切り発車をしてはいけないのだ。

転職は「最後の手段」にとっておく

この本を手にとってくださった方のなかには、これから転職しようか迷っている人もいるだろう。そのような方にお伝えしたいのは、いろいろ考えた末に「転職しない」という道を選ぶのもアリだということだ。

そもそも、日本企業には長期雇用が根づいている。働き手にとっても、1つの企業で腰を据えて働くほうが、より多くの恩恵を受けられるようになっている。

2000年代以降、欧米企業のような成果主義型人事評価制度を導入する日本企業が増え、年功序列や終身雇用などの、いわゆる日本的経営に対する否定的な見方が拡大していった。そうした潮流は現在も続いており、最近でも、大手企業の経営者が終身雇用を維持できないと発言し、話題になった。

しかしながら、終身雇用はなくなりつつあるものの、日本企業の多くは長期雇用を既定路線としている。人事評価制度についても、年功序列は時代遅れといわれつつ、生え抜き社員を中心に、長期間にわたって貢献してくれている社員の待遇を手厚くしている企業は少なくない。日本企業の経営スタイルは海外企業と比較すると、まだまだ日本的経営と呼べるものなのである。

日本的経営と呼ばれた終身雇用や年功序列は、ある意味で素晴らしい制度だ。

毎年、業績に応じたベースアップが検討される給与制度は、働き手にとって生活の安定につながるという点で、とても魅力的な制度である。人は結婚して子どもができると必ずお金が必要になる。そんなとき、成果主義型の人事評価制度の下では、必死になって能力を伸ばし、実績を上げ続けないと生活を守れないことになる。

成果主義は、年俸制のプロ野球選手と同じだ。自分がどんな状況に置かれているかなど個人的な事情はさておき、成果を上げなければ評価が上がることはない。だから誰もが試合に出て、はっきりとした成果を上げようとするのである。実際に米国企業では成果主義型の人事評価制度が浸透しており、社会もそうした状況を受け入れている。

これに対して年功序列制度では、特に大きな成果がなくても給与は上がる。極端にいえば、ボーッとしていても定期昇給するのである。これは、個々人の能力にかかわらず、すべての社員の生活を成り立たせる仕組みであり、社会の安定に貢献する画期的な制度であるといえる。

日本的経営が否定されたのは、バブル経済が弾けて以降、あらゆる企業が厳しい市場競争にさらされるようになり、競争力を徹底して高めないと生き残ることができなくなったからだ。経営環境が悪化しているというのに、今まで通りに給料を上げていったら、経営が立ち行かなくなってしまうと世の経営者たちが考えたのである。

だが、日本人の社会文化や気質にマッチした日本的経営が、完全に消滅することはなかった。先に述べたように、長期雇用や年功序列はいまだに存在している。

私は、日本的経営の色が残っているほうが、アメリカのような完全な自由競争よりいいと考えている。働き手に安定を与えるのはここまで述べてきた通りだが、企業にとっても「生き残れるのは会社に貢献したものだけ」といって突き放すより、「成長に応じて給与を増やしますよ」というほうが、社員との信頼関係も深めることができて経営の舵取りがしやすくなるのではないかと思うからだ。

日本的経営の根底には、同族を大切にする日本的なものの考え方があるように思う。競争を基本として、活躍しないことには十分な給与がもらえない米国とは、企業文化が大きく違うのである。だから、日本企業に勤めているなら、まずはどうしたら腰を据えて働き続けることができるかを考えるべきだ。つまり、転職はあくまでも非常手段なのである。

もちろん、どうしても転職しなければならない状況に陥る可能性はある。

まず考えられるのは、会社の経営に問題があり、先行きが不透明になったときだ。リストラの対象となり、やむなく転職しなければならなくなることもあるだろう。人間関係の不和をきっかけに、職場にいられなくなることもある。

このような事情は頻繁に起こることではない。しかしながら、万が一の事態に備えておくことは重要だ。状況が差し迫ってから解決策を考えるのではなく、不測の事態に陥ったとき、どう動けばいいか心構えを固めておくのである。

不測の事態に起因する転職は、チャンスを求める手段としての転職とはまた違う。繰り返しになるが、不測の事態に見舞われたときは、最悪の事態を想定しながら、これだけ守れればいいという条件のボトムラインをしっかり決めて探すことが重要になる。

また、いかなる状況にも共通しているのが、「行動と決断を急いではいけない」ということだ。転職は、よく考え、計画的に進めていくことが望ましい。転職は自分のキャリア、人生の問題なのだ。事を急ぐと、踊らされたり流されたりすることになる。そうした状況は避けなければならない。

「重役は生え抜き社員が多い」という現実

転職は最後の手段であり、会社に長く居続けるほうが何かと得であるというのは、裏を返せば転職によって何らかの不都合が起こる場合があるということだ。その1つが、転職はキャリア形成を阻む可能性があることである。

詳しく説明しよう。新卒一括採用を実施している企業には、新卒で入社して以降、一貫してその会社に勤めている生え抜き社員を優先する文化が存在していることがある。そしてそうした企業では、管理職以上の重要ポストの大半を、生え抜き社員が占めているケースが多く見られる。

特に長い歴史を持つ大企業において、そうした傾向は顕著だ。転職してきた中途採用者が重要ポストに就くこともあるのだが、生え抜き社員と中途採用者がポスト争いを繰り広げるような状況では、有利なのは断然、生え抜き社員である。

中途採用社員は、いわば〝外様大名〟である。成果を上げることで、ある程度の出世を望めるかもしれないが、出世に限界があると見て間違いないだろう。それでもいいという覚悟を持てる人なら転職を迷うことはない。ただし、転職を通じてキャリアアップを図ろうというのなら、この課題をよく考えておく必要があるだろう。

こうした生え抜き社員優位の企業文化は、日本企業に特有のものだと考えるかもしれない。しかしながら、実は欧米企業も似たり寄ったりだ。あちらの企業でも出世したいなら、１つの会社に長くいたほうが有利であり、中途採用者は圧倒的に不利なのだ。実際、ＩＢ

M、GEといった米国の大企業では、重要な役職についているのは生え抜き社員がほとんどだ。

一方で、IT企業をはじめとした新興企業では、生え抜き社員と中途採用社員の地位に大きな差はない。伸び盛りの企業では、逆に生え抜き社員が役員を務める例は少ない。生え抜き社員に経験豊富な人が少ないなどの理由で、経営人材を社外に求めるからだ。

しかし、転職後も苦労はつきまとうと思っていたほうがいい。新しい職場環境になじめなかったり、期待していたほど仕事にやりがいを感じなかったり、望むようなキャリアアップを実現できなかったりなど、さまざまな理由で転職先に定着できず、再び転職活動に臨むことになる人もいる。

つまり、転職活動がスムーズだったからといって、転職に成功したとはいえないということだ。転職は〝水物〟なのである。

会社勤めには、立場による違いがあり、時と場合によっては苦い思いをすることもあるということをしっかり頭に入れたうえで、外様になって苦労を背負ってもいいか、現在の会社で実績を重ねてキャリアアップを目指すべきか、と自問してみてほしい。

我慢に我慢を重ねて、現在の会社で勤め上げるキャリアもまた、立派なキャリアだ。

もちろん、自分の能力をいかんなく発揮することを目標にしていて、いずれは独立して一国一城の主になってやろうという人は、どんなかたちで転職しても問題ないだろう。

転職を通して考えたい「働く理由」

転職は、働くことの意味を問い直す、またとない機会になる。

私自身、はじめて転職をしてからこれまでのあいだ、いつも働くことの意味を考えてきた。たどり着いたのは、「人が働くのはお金のためではない」ということだ。

理想的な働き方かどうかは、仕事を通して「どれだけ人を幸せにし、不幸を少なくしたか」によって決まる。それが、私が長いビジネス人生を通して見つけ出した答えだ。

会社を辞めて転職する理由として、給与待遇の不満を挙げる人は少なくない。確かに報酬はキャリアアップの動機になる。しかし、それが働く意味のすべてではないのも確かだ。

働いていて、「この仕事は楽しい」「もっと大きなことをやりたい」という思いを抱くとき、報酬の多寡を考えている人はほとんどいないはずだ。つまり、仕事のやりがいを第一に考えるとするなら、報酬はさほど重要ではないということだ。

転職の成功と失敗を端的に判断しようとするなら、報酬は1つの物差しになるかもしれないが、新天地に腰を据えてやっていけるかどうかは、決して報酬金額だけで決まることではない。必要なのは、働くことに意義を感じられるかどうかである。

社会に出て間もない頃は、金を儲けるとか、成功するとか、えらくなるといったことが大事に思えるものである。しかし、仕事に慣れてくると、金や名声を求めるということは、自分の欲を満たそうとしているだけのことだと気づく。同時に、自分の満足を求めるだけでは、人は幸福にはなれないとも考えるようになる。これは私のビジネス経験からくる実感だが、大金を手にしたり地位や名声を得ようとすることは、実にくだらないものだ。

そういう視点が芽生えると見えてくる。私たちが仕事を通して実現しなければならないのは、自分と他者を含む皆の幸福だ。同じ視点を持つ周囲の人と協力し合いながら、そのときどきにできる限りのことをして、皆の幸福に少しでも近づけるように努力するのだ。

会社のトップに上り詰める、それによって高額報酬を得る。それが悪いというつもりはない。問題は、その目標が何のためにあるか、である。

周囲とつながりながら、大きなものを生み出すための地盤を築き、経験のなかから新しいことを次々と学び、さらに大きな価値の創造に取り組んでいく。そうした目的がそこにあれば、会社のトップに上り詰めて高額報酬を得ようとすることも悪いことではない。

しかし、高額報酬が目的化すると、目指すべきものが何なのか、わからなくなってしまうものだ。それでは周囲の人を幸福にできないばかりか、自分も幸福になることはない。

自分を幸せにする働き方

働くことと幸福との関係について考えるとき、思い浮かぶのがマザー・テレサだ。彼女の一生は、とても幸福なものだったと私は思う。多くの人々に幸福になってもらいたいと考え、それを愚直に実践し続けた。ただそれだけの人生だが、それは究極的な幸福ではないかと私は思うのだ。

マザー・テレサが亡くなったとき、財産と呼べるものは身にまとうサリーが3枚、サンダルが1足、そしてバイブルとロザリオが1つずつだけだったといわれている。

物質的に見れば、マザー・テレサは貧しく不幸な人と思われるかもしれない。しかし、私はまったくそうは思わない。お金もなく地位もない、単なる一修道女という身でありながら、貧しい人、病める人を救いたいという強い信念を持ち、その思いを自らの力で現実のものにしてきたからだ。たくさんの人を幸福にしてきた彼女は、同じ数だけ幸福を実感していたに違いない。

現在の若い世代は、誰かを幸福にすることが自分の人生にとっても幸福なのだと感じることができるだろうか。それをイメージできないうちは、高い地位に就き、お金を稼ぐことを目指すのではないかと思う。

もちろん、出世を目標にするのは悪いことではない。競争に勝ち、いい成績をとるのは悪いことではない。45歳くらいまでは、むしろ貪欲さを露《あら》わにして仕事に臨んでもいいとさえ思う。一生懸命働いた先に、価値ある何かがあると感じることができなければ、働くことの意義を考えようと思い立つことはないからだ。そういう感覚を持つためにも、若いうちは金や名声を求めて働くのも悪くはない。

しかし重要なのは、人を幸福にすることが、自分の幸福と深く関わっていると知ることだ。そのうえで、周囲を幸福にすることを目指し、たくさんの価値を生み出そうと努め、最終的に自分がどれだけ幸福になったかである。

答えは自分のなかにしかない

本書では、転職は自分で考え、決めるものだと述べてきた。仕事を通じて幸福を目指すという行動にも同じことがいえる。

幸福を目指す道を決めるのは自分である。どうすれば幸福になれるのかと誰かに教えを請い、指示を受けて取り組むのではない。ましてや、誰かに任せることではない。

だから、「いい会社に入れば幸福になれる」と考えるのも間違いだ。それでは、まるで幸福は会社頼みである。会社に頼って幸福になろうという考えは持ってはいけないし、それでは幸福になれない。

人に幸福にしてもらおうという他力本願が、最も人を不幸にする。繰り返すが、一生懸命仕事に取り組み、たくさんの価値を生み出して人を幸福にする。その結果、自分が幸福になるというのが自然の摂理である。

そんな行動と結果の関係を一生を通じて体験してほしいと思う。そうすれば「なるほど」と納得し、次に進むべき道が見えてくる。

ただし、生半可な姿勢では何も実現できない。これまで考えてこなかった人生の問題と対峙するのだ。じっくりと時間をかけて考察を深め、這《は》ってでも答えにたどり着いてやろうとするくらいの気概が必要だ。

自分で動いて道を開いていかなければならない状況に、不安を覚える人もいるだろう。しかし、何を成し得るのか、そのためにどんな仕事をするのかということを自分の意思で決めることは、自分だけの尊い権利である。

個人と企業とのあいだにある雇用契約は、当事者同士によってのみ成立するのであり、弁護士を除けば代理行為は一切できない（未成年は例外）。このように、日本では雇用というものが、とても神聖なものとして保護されているということを、働く1人として理解しておいてほしいのだ。

そう考えると、「雇ってもらう」というような控えめな態度は正しくないということになる。転職活動でも、胸を張って面接を受けに行けばいい。働く権利は誰にでもあり、その権利を行使しようとするのに遠慮は必要ない。

相手方の企業も、転職希望者が自分の権利を行使するのを阻んだり、無視することはできない。働きたいと申し出てきた人がいたなら、その企業は面接をして話を聞くなり、書類をもらって審査したりなど、何らかの対応をしないといけないのである。人材紹介会社も同様であり、転職希望者がやってきたら、それがどんな人でも受け付けなければならない。門前払いは絶対にできないのだ。

繰り返すが、転職活動は非常に神聖なもので、転職希望者の権利として法の下に認められている。個人の尊い権利だからこそ、それを行使する自分自身が必要なことを学んで取り組むしかないのである。

今の日本ではさまざまな転職関連の情報やサービスがある。しかしそれらを利用しても、転職の最終的な決断をするのは本人でなければならないというのが、雇用関係法の精神である。転職活動も人任せにせず、自分で決め、自分で動くということが原則なのだと心してほしい。

20代、30代、40代、50代、60代――どの世代も置かれる立場は同じである。「自分にとって、仕事とは、働くこととは何か」と問うことからはじまる。

生涯にわたるキャリアを充実したものにするために、今日もまた新たな一歩を踏み出そう。

おわりに

働くことは「体験」です。その体験の積み重ねを「キャリア」といいます。辞書によっては、「職業」「履歴」という訳語のほかに、「人生行路」という粋な説明もついています。そのキャリアはいかにして形成されるのでしょうか。

日本においてキャリアは、19世紀までは封建制度が決めていました（ちなみに福沢諭吉は、「門閥制度は親の敵」といって、封建制度を批判しています）。

20世紀になると、社会制度がキャリアを決めるようになりました。親、先輩、学校、官庁、団体、企業などなど、封建制度の進化したかたちの社会制度が、キャリアを支配するようになったのです。

では、21世紀にキャリアを決めるのは誰でしょうか。もちろん、本書で触れてきた人材紹介業に携わる人たちではありません。1人ひとりが自分で決めるようになるのです。

これこそ、まさに世紀の大変化。本書はこの大変化をテーマにしています。

今や、自分の人生は自分で設計してつくり上げ、自分で管理しなければなりません。

これまでにも、バイロン卿やココ・シャネル、葛飾北斎のように、自分の好きなように人生を生きる人たちはいました。しかし今は、すべての人が自主的に生きろといわれているのです。

それは、制度というものが強制力を失ってきたことの裏返しといえるのかもしれません。技術の進歩が多様性を推進し、それが価値観の多様性を招き、従来の仕事の価値観というものが崩壊してしまいました。

これは非常に大きな変化です。「この変化に対して準備をしましょう」ということをお伝えしたくて、この本を書きました。

難しいことはともかく、仕事選びは自分で決める。誰に何といわれようと、自分で納得する仕事選びをしてください。その過程では苦労をするかもしれませんが、必ず納得のいく結果になります。

21世紀は自分でキャリアを決められる素晴らしい時代です。だから、多少の苦労はつきものです。どうか苦労することを恐れずに、選択肢があったら、難しいほうを選んでみてください。門が2つあったら狭いほうから入りましょう。聖書にも「力を尽くして狭き門より入れ」という言葉があります。
そうすれば、あなたのキャリアは22世紀までつながる素晴らしいものになるでしょう。
人生100年時代です。できるだけ長く働き、楽しく生きましょう。そのために仕事を選び、常に未来志向で、目の前の課題に挑戦していこうではありませんか。

先人たちも、このような言葉を残しています。
「過去はどうでもいい。現在のすべてを、未来のために使う」（盛田昭夫氏）
「難題はむしろ歓迎。前人未到の境地へ」（井深大氏）
「人の意見など聞かないで、自分で試してみなさい」（本田宗一郎氏）
そして私からは、
「転職でやってはいけないことは、自分を見失うことだ」
とお伝えして、本書を終えたいと思います。

転職とは、新しい自分の発見です。同様に、本を出すことは私にとって新しい自分の発見となりました。今回の本にも、青春出版社の深沢美恵子様とチームTOGENUKIの皆様をはじめ、多くの方々のご厚情、御尽力が詰まっています。
ここまでお読みいただき、本当にありがとうございました。皆様のキャリアが素晴らしいものになることを祈って。

郡山史郎

青春新書
INTELLIGENCE

こころ涌き立つ「知」の冒険

いまを生きる

"青春新書"は昭和三一年に――若い日に常にあなたの心の友として、その糧となり実になる多様な知恵が、生きる指標として勇気と力になり、すぐに役立つ――をモットーに創刊された。

そして昭和三八年、新しい時代の気運の中で、新書"プレイブックス"にその役目のバトンを渡した。「人生を自由自在に活動《プレイ》する」のキャッチコピーのもと――すべてのうっ積を吹きとばし、自由闊達な活動力を培養し、勇気と自信を生み出す最も楽しいシリーズ――となった。

いまや、私たちはバブル経済崩壊後の混沌とした価値観のただ中にいる。その価値観は常に未曾有の変貌を見せ、社会は少子高齢化し、地球規模の環境問題等は解決の兆しを見せない。私たちはあらゆる不安と懐疑に対峙している。

本シリーズ"青春新書インテリジェンス"はまさに、この時代の欲求によってプレイブックスから分化・刊行された。それは即ち、「心の中に自らの青春の輝きを失わない旺盛な知力、活力への欲求」に他ならない。応えるべきキャッチコピーは「こころ涌き立つ"知"の冒険」である。

予測のつかない時代にあって、一人ひとりの足元を照らし出すシリーズでありたいと願う。青春出版社は本年創業五〇周年を迎えた。これはひとえに長年に亘る多くの読者の熱いご支持の賜物である。社員一同深く感謝し、より一層世の中に希望と勇気の明るい光を放つ書籍を出版すべく、鋭意志すものである。

平成一七年　　刊行者　小澤源太郎

著者紹介

郡山史郎〈こおりやま しろう〉

1935年生まれ。株式会社CEAFOM代表取締役社長。

一橋大学経済学部卒業後、伊藤忠商事を経て、1959年ソニー入社。73年米国のシンガー社に転職後、81年ソニーに再入社、85年取締役、90年常務取締役、95年ソニーPCL社長、2000年同社会長、02年ソニー顧問を歴任。04年、プロ経営幹部の紹介をおこなう株式会社CEAFOMを設立し、代表取締役に就任。人材紹介のプロとして、これまでに3000人以上の転職・再就職をサポート。著書に『定年前後の「やってはいけない」』『定年前後「これだけ」やればいい』(小社刊)などがある。

転職《てんしょく》の「やってはいけない」　青春新書 INTELLIGENCE

2019年11月15日　第1刷

著者　郡山《こおりやま》　史郎《しろう》

発行者　小澤源太郎

責任編集　株式会社プライム涌光

電話　編集部　03(3203)2850

発行所　東京都新宿区若松町12番1号 〒162-0056　株式会社青春出版社

電話　営業部　03(3207)1916　振替番号　00190-7-98602

印刷・中央精版印刷　製本・ナショナル製本

ISBN978-4-413-04583-4